Ya no somos las mismas y aquí sigue la guerra

Ya no somos las mismas y aquí sigue la guerra

Textos:
Verónica Gago ▪ Daniela Pastrana ▪ Celia Guerrero
▪ Paula Mónaco ▪ José Ignacio De Alba ▪ Lydiette Carrión
▪ Emanuela Borzacchiello ▪ Raquel Gutiérrez ▪ Sara Uribe
▪ Daniela Rea ▪ Marina Azahua ▪ Daliri Oropeza
▪ Marcela Turati ▪ Erika Lozano

Fotografías:
Erik Meza ▪ Eunice Adorno ▪ Félix Márquez ▪ Héctor Guerrero
▪ Mónica González ▪ Sara Uribe ▪ Ximena Natera

Ilustraciones:
Alejandra E. Saavedra López

Grijalbo   PIE▪PÁGINA

Ya no somos las mismas y aquí sigue la guerra

Primera edición: septiembre, 2020

D. R. © 2020, Red de Periodistas Sociales – Periodistas de a Pie

D. R. © 2020, derechos de edición mundiales en lengua castellana:
Penguin Random House Grupo Editorial, S. A. de C. V.
Blvd. Miguel de Cervantes Saavedra núm. 301, 1er piso,
colonia Granada, alcaldía Miguel Hidalgo, C. P. 11520,
Ciudad de México

www.megustaleer.mx

D. R. © Alejandra E. Saavedra López, por ilustraciones de interiores
D. R. © Celia Guerrero, por «Las desplazadas se arman a diario»
D. R. © Daliri Oropeza, por «Agua que riega la tierra»
D. R. © Daniela Pastrana, por «Mamá se fue a la guerra»
D. R. © Daniela Rea, por edición, por «¿Puedes ver a un niño y pensar que no hay futuro?»
y por «¿Me ayudarías a levantar su cuerpo?»
D. R. © Emanuela Borzacchiello, por «Una carta de amor en medio de la violencia»
D. R. © Erik Meza, por fotografías de interiores
D. R. © Erika Lozano, por «Ahora caminamos juntas»
D. R. © Eunice Adorno, por fotografías de interiores
D. R. © Félix Márquez, por fotografías de interiores
D. R. © Héctor Guerrero, por fotografías de interiores
D.R. © José Ignacio De Alba, por «Cantos al amor desaparecido»
D. R. © Lydiette Carrión, por «Despedir a una hermana»
D. R. © Marcela Turati, por «Cuidar a las que cuidan»
D.R. © Marina Azahua, por «¿Me ayudarás a levantar su cuerpo?»
D. R. © Mónica González, por fotografías de interiores
D. R. © Paula Mónaco, por «Dos mil días robados»
D. R. © Raquel Gutiérrez, por «La importancia de un corazón colectivo»
D. R. © Sara Uribe, por «Aquí sigue pasando la guerra» y fotografías de interiores
D. R. © Verónica Gago, por «Huellas para trazar caminos»
D. R. © Ximena Natera, por fotografías de interiores

Penguin Random House Grupo Editorial apoya la protección del *copyright*.
El *copyright* estimula la creatividad, defiende la diversidad en el ámbito de las ideas y el conocimiento,
promueve la libre expresión y favorece una cultura viva. Gracias por comprar una edición autorizada
de este libro y por respetar las leyes del Derecho de Autor y *copyright*. Al hacerlo está respaldando a los autores y
permitiendo que PRHGE continúe publicando libros para todos los lectores.

Queda prohibido bajo las sanciones establecidas por las leyes escanear, reproducir total o parcialmente esta obra
por cualquier medio o procedimiento así como la distribución de ejemplares
mediante alquiler o préstamo público sin previa autorización.
Si necesitas fotocopiar o escanear algún fragmento de esta obra diríjase a CemPro
(Centro Mexicano de Protección y Fomento de los Derechos de Autor, https://cempro.com.mx).

ISBN: 978-607-319-512-6

Impreso en México – *Printed in Mexico*

El papel utilizado para la impresión de este libro ha sido fabricado a partir de madera
procedente de bosques y plantaciones gestionadas con los más altos estándares ambientales,
garantizando una explotación de los recursos sostenible con el medio ambiente y beneficiosa para las personas.

Penguin
Random House
Grupo Editorial

Índice

Una carta desde nosotras 9

PRIMERA PARTE
Una piedra cae en un lago

Presentación. Huellas para trazar caminos 19
    VERÓNICA GAGO

Mamá se fue a la guerra 25
    DANIELA PASTRANA

Las desplazadas se arman a diario 45
    CELIA GUERRERO

Dos mil días robados 61
    PAULA MÓNACO

Cantos al amor desaparecido 77
    JOSÉ IGNACIO DE ALBA

Despedir a una hermana 91
    LYDIETTE CARRIÓN

Una carta de amor en medio de la violencia 109
    EMANUELA BORZACCHIELLO

SEGUNDA PARTE
Un dique en el río

Presentación. La importancia de un corazón colectivo 119
    Raquel Gutiérrez

Aquí sigue pasando la guerra................................. 127
    Sara Uribe

¿Puedes ver a un niño y pensar que no hay futuro? 149
    Daniela Rea

¿Me ayudarás a levantar su cuerpo?....................... 163
    Marina Azahua y Daniela Rea

Agua que riega la tierra 179
    Daliri Oropeza

Cuidar a las que cuidan..................................... 197
    Marcela Turati

Ahora caminamos juntas 219
    Erika Lozano

Agradecimientos.. 231

Nosotras 233

Una carta desde nosotras

A nuestras lectoras:

Mujeres buscadoras
Mujeres torturadas
Mujeres desplazadas

    Mujeres que también se acompañan y accionan juntas

                                       Mujeres activistas
                                       Mujeres periodistas

Este libro se divide en dos partes. La primera es presentada por Verónica Gago, una activista y filosofa argentina, que desde el Cono Sur nos acompaña. En esta parte, las autoras intentan describir las diferentes formas de violencia que cruzan nuestros cuerpos y el sistema que permite la reproducción de éstas. La segunda parte es presentada por Raquel Gutiérrez Aguilar, activista y filosofa mexicana, punto de referencia para el feminismo en nuestro país. En esta parte nos centramos en las prácticas de lucha que las mujeres construyen colectivamente para transformar los espacios violentos en territorios habitables y amorosos.

Cada autora introduce su texto con un verbo que representa el sentido íntimo y político de su narración. Abrazar, amar, cuidar y muchos más. Sentidos que no están definidos por una academia de la lengua, sino por las autoras y quienes compartieron su palabra, mujeres que intentan desde sus prácticas cuidar la muerte para cuidar las vidas.

Somos compañeras que caminamos juntas desde hace una década. Reporteras, poetas, académicas, artistas, documentalistas, fotógrafas, escritoras, investigadoras.

> Nuestra intención ha sido contar la violencia desde
> el cuerpo de las mujeres.

La entendemos, a esa violencia, como una piedra que cae en un lago.
Como ondas que se expanden, que avanzan en el espacio, cada vez más sutiles, silenciosas.

> *¿Cómo nos ha cruzado la violencia de esta guerra?*
> *¿Cómo nos habita?*

Identificamos nuestras historias a partir de nuestros verbos, nuestros cuerpos-territorio:

> escuchamos, sentimos, trabajamos
> con y para las que vienen después.

Nos reunimos a mirarnos la cara:
a nombrar nuestras diferencias y agradecernos nuestra compañía

> *¿Qué estamos narrando?*
> *¿Qué estamos produciendo y reproduciendo?*

Éstos son textos "porque hay que nombrarlo",
textos "porque hay que hacerlo".

¿Cómo empezó esto?

Desde el interés de encontrarnos,
desde nuestros recorridos vitales, en caravana.

¿Cómo contar los años de militarización?

Hemos podido hacer un diagnóstico de lo que hemos vivido en nuestros territorios, un diagnóstico de este nuestro país. Queremos que estos textos nos digan algo

(hay cosas que no habían encontrado su tiempo, su tiempo para ser dichas).

También, a nosotras mismas
decirnos gracias

¿Qué dicen nuestros cuerpos?
¿Qué dicen nuestras acciones?

UNA-Nuestra posible respuesta al dolor

Para curarnos de espanto
nos acuerpamos en esta lucha:
desde el dolor,
desde el miedo,
desde el sinsentido,
desde lo afectivo,
desde el cariño, la confianza, la ternura.

Éstas son nuestras redes de mujeres.

Pase lo que pase vamos a estar aquí, incluso sin importar que no siempre estemos juntas. Aquí estamos.

    Redes íntimas que salvan, están salvando, nuestras vidas.

Éste ha sido un camino en la búsqueda de entender qué es lo que nos ha pasado. También de poder conversar al respecto.
Con esperanza de que estas conversaciones se multipliquen.

Conversaciones para entender aquello que cargábamos con pesar, aquello de lo que guardábamos silencio, aquello que nos daba miedo.
Vamos encontrando momentos para dejar de estar silentes, momentos para hablar.

Queremos dar otras visiones
Visiones que desde el sistema están desdibujadas.

        ¿Qué hicimos con todo esto?

Documentamos para nombrar,
para dejar testimonio de esto que nos ha pasado y no ha terminado.

      Que esto decante

Ir a otros lugares.
Reconocernos al escucharnos.
Reconocer la fuerza de nosotras y de otras mujeres

     ¿Cómo seguimos teniendo fuerza con todo esto?

  JUNTAS iluminamos hoy estas respuestas…

      Ante la pregunta de *¿qué le ha pasado a este país?*
        Y *¿qué nos ha pasado en esta guerra?*

         Co-habitamos nuestros textos.
         Aprendemos unas de otras.

>   Queremos hacernos justicia.
>   Hacerles justicia a las voces de aquellas mujeres,
>   a las que escuchamos.
>   Honrarlas.
>   Crear una justicia desde y para nosotras.

Sacamos juntas palabras cuando el silencio aquí ha imperado.

> SUS-Nuestras palabras.

Narramos el horror,
Viviendo con lo no-imaginado.
Desde ahí, desde vernos reflejadas en la otra y reconocernos como afectadas, invitar a tejernos.

También,
> a sembrar raíces aunque hayamos sido arrancadas.

Hablamos de nuestros recuerdos, de nuestras historias,
Enunciamos nuestras voces,
Comenzamos así a hacer sentido del dolor.

> *¿Cómo cuentas el amor a una persona que ya no está?*

Elegimos otras formas de escribir un libro, como un encuentro alrededor de una fogata. Nos escuchamos. Encontramos afecto en las miradas, en los abrazos con ellas.

Elegimos otras formas. Ellos han partido desde narrativas bélicas. Nosotras desplazamos el centro, deconstruimos sus palabras.

Algunas hemos elegido escribir textos que escuchan, otras hemos elegido narrar desde lo personal. Hemos entendido que lo personal es político, transitamos en ello. Acortamos las distancias en un abrazo.

Honestidades que generan cercanías.

De alguna forma, de ésta, nuestras vidas siguen.

No nos ha ganado el contexto.
No nos ha ganado el miedo.

Al caminar junto a otras, reconociendo quizá que estamos rotas, también nos vamos preguntando cómo queremos estar bien.

¿Cómo tejer esto que está roto?
¿Qué hacemos con esto con lo que no estamos de acuerdo?
¿Qué activamos cuando las cosas fallan?
¿Qué escuchamos en este silencio?

Sabemos que no hay soluciones únicas.
Esta guerra nos obligó a caminar las ruinas de la destrucción.
Continuamos y seguimos aquí aunque a veces no encontremos sentido lo que se hace, lo que hacemos.
Y lo hacemos porque hay que hacerlo.

Esto nos enlaza.

Somos capaces hoy de mirar de frente (y hacia adentro) lo que nos ha pasado y lo que nos sigue pasando.
También de mirar de frente lo que todo esto nos ha hecho. Sí, estamos abriendo la puerta a mirar este dolor, aunque a veces no podamos nombrarlo.

Así también hemos encontrado nuestras estrategias
de supervivencia.

Hoy podemos decir que hemos resistido ante estos años tan oscuros.
Hoy podemos decir que ante las jerarquías del dolor reconocemos nuestras afectaciones compartidas.
Podemos decir que estamos juntas, que estamos vivas, que reconocemos este encuentro como una herramienta

metodológica, como un proceso, como un aprendizaje, como una fogata, como un amoroso abrazo.

Así creamos disonancias en quien lee.
Queremos desplazar el centro del poder.
Ponemos atención a las reconstrucciones.
Sabemos que ésta no es la última palabra.
Resignificamos.

Sabemos que todo late,
                   que todo está vivo,
                                  que todo está cambiando.

                  Revertir el efecto ruina para que sea semilla.

Tener a nuestras hijas, madres y hermanas abrazadas a nuestro pecho y, ante la incertidumbre, poder decirnos con certeza que todo va a estar bien. Porque es lo que queremos creer.

            Seguimos creyendo y narrando lo posible.
                   Seguimos viendo futuro.
         Construimos hoy los lugares que queremos habitar.

Primera parte
Una piedra cae en un lago

Presentación

Huellas para trazar caminos

Desde el Cono Sur, siempre pensamos que México es una excepción de la región porque no tuvo dictadura militar. De hecho, sigue siendo el recuerdo hospitalario para muchxs exiliadxs. Leer los textos de la primera parte de este libro lleva, desde otra geografía, a un primer momento de confusión: una suerte de falso reconocimiento de relatos, testimonios y secuencias del horror que van desde la brigada paramilitar a espacios convertidos en campo de concentración y fosas comunes, de las angustias de lxs familiares en búsqueda de desaparecidxs a los relatos de torturas de quienes sobrevivieron, todo como si fueran de los años setenta. Pero estos relatos, como dice el título de este libro, son más perturbadores porque son del *presente*. Porque están pasando ahora mismo. Porque hacen arqueología de ausencias recientes. Este presente en guerra ya es, sin embargo, una guerra de otro tipo y eso también se escucha en los relatos.

Sergio González Rodríguez acuñó el término *campo de guerra* para ubicar el tránsito del conflicto internacional a su interiorización con adjetivos precisos: "continuo, plano, simultáneo, ubicuo, sistémico y productivo". Una modalidad que se despliega contemporáneamente en "mar, aire, tierra, espacio y ciberespacio". Él habla de la cartografía movediza que surca México desde la desestabilización del Estado nación que empieza, según sus palabras, con el alzamiento zapatista de 1994 y que desemboca en el crimen organizado del siglo XXI.

Aquí esas palabras —*campo de guerra*— se llenan de locaciones concretas: una casa recién habitada en Villahermosa por unas novias que soñaban un negocio, una habitación limpia en Úrsulo Galván, la espera de una hermana a que vuelva la otra hermana en noches interminables, una casita de Infonavit en medio de la depresión de la pérdida, una cita pautada por Facebook con desenlace fatal, niñas vomitando debajo de los pupitres.

Y así cada historia envuelve y arrastra un sinfín de detalles que la hacen cotidiana, que nos llevan en un *travelling* mental a cada uno de esos sitios, y a la vez muestran lo corpóreo irreversible de vivir el horror.

Pero también aquí están narradas las explicaciones políticas de esa guerra. "La guerra es por la minería", dice una pequeña admiradora de su madre activista. "La guerra es por el narcotráfico", dice otra hija de esas periodistas entregadas a la tarea heroica de seguir investigando. Esas mujeres están en la "primera línea" de esta guerra sin ser combatientes, sin haber aceptado ir a la guerra. Ellas son periodistas y defensoras de derechos humanos dispuestas a que esa guerra no se trague también las palabras. Daniela Pastrana hace el inventario afectivo de esas hijas que viven con miedo, con ganas de esconderse, con nervios, que saben desde muy pequeñas las historias más truculentas. Lydiette Carrión describe la peor muerte y a renglón seguido los sueños que le hacen un hueco al futuro, como los cantos al amor que no está que recopila José Ignacio De Alba.

Lo que se lee en estas páginas son crónicas de guerra contra una población indefensa, contra familias desesperadas, contra comunidades que quedan desoladas, y también el especial ensañamiento contra mujeres, lesbianas y niñas. Lo que se lee es una inmensa maquinaria de despojo de tierras campesinas. Lo que se ve funcionando son también formas de reclutamiento extremo de trabajadorxs para nuevos circuitos de negocios, que se ligan al capital internacional y que hacen de la violencia la norma privilegiada para asegurar rentabilidad. Todo eso se escucha aquí para hacernos comprender que son las formas de la guerra que acompañan la prosperidad de ciertos enclaves y que aprovechan las grandes corporaciones, de Pirelli a Volkswagen, pasando por Nestlé y Toyota.

¿Qué significa contar todo esto? "A nadie se lo había contado" dice Esperanza, y Celia Guerrero completa la oración diciendo "porque nadie se lo había preguntado". Las crónicas de a pie que aquí siguen hacen esa alianza: preguntar lo que nadie preguntó, escuchar lo que sin esa pregunta no se hace palabra para otrxs, impulsar la narración para tramar un sentido en la tragedia sabiendo que la guerra vence con el vaciamiento de todo sentido. Sin esas preguntan que *hacen contar*, sin atender una llamada telefónica a tiempo para contener a quien necesita vomitar la angustia, sin esas frases y recuerdos que se imprimen como crónica y relato, sin esa conjunción que hace audible el horror, ¿cómo dejaría de normalizarse tanta tortura y tanta muerte? Y más aún: ¿quién seguiría sosteniendo una posibilidad de justicia?

Las desplazadas que huyen de la violencia están vivas para contarlo todo, para recordarlo todo y para seguir buscando e investigando. En su cuerpo está la memoria como órgano vivo, como fuerza incansable contra la impunidad. Sí, se arman a diario para defender su vida y la de quienes aman y así hacer historia. Porque no hay día que esa tarea no deba empezarse, continuarse, insistir. Las periodistas de a pie, las que investigan, las que escuchan, también hacen sus desplazamientos: van aquí y allá también buscando, siguiendo las historias, las cargan con ellas. Quienes son desplazadas, quienes han sobrevivido, saben que en la huida van aprendiendo a ser defensoras y activistas. Quienes se desplazan a buscar esas historias, saben que en esas huidas hay una vitalidad de la que aprender y que exige ser comunicada. La insistencia de cargar y narrar la muerte, de familiarizarse con ella y a la vez no rutinizarla, está hecha desde la apuesta arriesgada de las que siguen vivas. De la alianza de esos desplazamientos y huidas que no dejan que el mundo se hunda por completo.

La tarea de vivir en esta guerra se inventa sus modos, sus esfuerzos, sus recovecos para aferrarse a algo que no sea sólo el horror. Leo así esta persistencia compartida de las desplazadas, de las sobrevivientes, de las periodistas, de las cronistas y de las investigadoras. Escucho así las historias de vida, las derivas de búsquedas, la sucesión de duelos que se acumulan en sus ojos y que se les quedan pegadas en la piel y que se escuchan en sus textos. Es la alianza entre ellas la que les permite respirar y hablar a todas.

No se puede hacer fácilmente un glosario de la guerra, pero sí se pueden situar algunos verbos —confiar, hermanar, reconstruir, amar, cuidar—, como se hace en este libro. O mejor, en este "no libro" como dicen sus impulsoras. Esos verbos son huellas para ir trazando un camino. Piezas de un rompecabezas que se repiten como mantras para seguir adelante, para juntar fuerzas, para entrenar la indignación. Para no desvanecerse ante el terror. La tarea de contar —que es investigar, escuchar, y hacer que las palabras de nuevo no se vacíen con tanto dolor, no queden secas de furia e injusticia— es una de las más riesgosas si sucede en México. Porque si conocemos Ciudad Juárez, con estos relatos entendemos cómo Ciudad Juárez se multiplica, como cuenta Emanuela Borzacchiello. Esas otras ciudades, aun camufladas de progreso empresario y de prolijidad conservadora, son la geografía de esta guerra del presente. México es el presente y es el futuro anticipado de un despliegue mortífero del capital, de la anulación de los cuerpos por su máquina de guerra. Sin embargo, hay palabras y hay prácticas de justicia. En esas alianzas entre las que huyen y se encuentran, entre las que buscan y cuentan, ellas nos susurran a todas que está la promesa de no ser ya las mismas.

Verónica Gago
Buenos Aires, marzo 2020

Amar.
Ser para el otro.

Mamá se fue a la guerra

Por Daniela Pastrana

La guerra les secuestró la niñez. Su diccionario personal se llenó de las palabras de la muerte: Fosas. Masacres. Ausentes. Exilios. Peligro. Dolor. Las comidas familiares desaparecieron y sus noches dejaron de tener cuentos. Aprendieron a jugar solas. A ser invisibles. A no molestar. A no salir a fiestas. A reportarse al llegar a la escuela.

La guerra las obligó a madurar antes de tiempo. Entendieron cómo mirarla de lejos, algunas veces con miedo o confusión; otras, con hartazgo y enojo. Siempre solas.

Porque la guerra también les robó a sus madres, periodistas que han estado en la primera línea de fuego de la violencia enquistada en el México del nuevo milenio, el país al que la alternancia democrática le significó una nueva forma de violencia contra la población: el país de las 2 mil fosas, de los 61 mil desaparecidos, de los 300 mil asesinados y donde la violencia ha provocado éxodos en una tercera parte del territorio.

El país de los feminicidios. El país al que se le extravió el significado de la palabra *vida*.

La primera vez que hablé con las hijas de mujeres periodistas fue en diciembre de 2016, cuando preparamos la serie periodística "Mujeres ante la guerra".[1]

Tuvimos largas conversaciones. Quería entenderlas, quizá para quitarme algo de la culpa de mi propia historia y de mi decisión de

---

[1] https://piedepagina.mx/category/especiales/mujeres-ante-la-guerra/

ser periodista en este país, en este momento. Eso significó poner a mi familia lejos, muy lejos de los tentáculos del monstruo, lejos del dolor y del horror de lo que estábamos viendo. Pero también lejos de mí.

En marzo de 2017 el asesinato de Miroslava Breach en Chihuahua me desgarró. Ya habían pasado tres lustros de esta guerra, ya habían asesinado a otros compañeros. Pero éste fue, quizá, el único asesinato que me hizo preguntarme si tengo derecho a seguir en esta ruta que mis hijos no pidieron.

A Miroslava la leí muchos años en *La Jornada*, el diario en el que trabajé casi una década. Saberla mujer, madre, interesada en los mismos temas sociales que yo, y (aparentemente) blindada por la proyección de un medio nacional, me identificaba especialmente. Cuando supe que la mataron en el momento en que iba a dejar a su hijo menor a la escuela, no pensé en ella, sino en sus hijos huérfanos… y en los míos. Lo que tendrían que pasar si yo no regresara.

Ahora, las entrevistas con las hijas de las periodistas fueron por WhatsApp. Un diálogo en partes, entre coberturas y viajes de trabajo, con cuatro jóvenes que en estos tres años dejaron atrás lo que les quedaba de niñas. Fue también una conversación indirecta con sus madres, periodistas como yo.

Por eso no puedo escribir este trabajo más que en primera persona.

Porque en este intercambio de testimonios, madres e hijas nos hemos ido reconociendo, en una extraña forma de mirarnos y escucharnos a través de las historias de las otras.

En una extraña forma de sanar: con el mismo periodismo que nos había roto.

Nicole

"¿Qué necesitaría yo? Válgame. Pues no, yo creo que no hay reparación para algo así, porque han sido años perdidos… años de fiestas de cumpleaños, eventos, festivales; de que un domingo en la mañana no te puedes sentar a desayunar en familia, porque no hay."

Escucho el testimonio de Nicole en medio de un vuelo trasatlántico y no dejo de llorar en las siguientes horas. Es el espejo de una historia que conozco bien porque es mi propia historia y la de otras mujeres periodistas, madres, que viven en México. Pienso en todo lo que nos ha robado esta larga fiesta de sangre y me sepulto en esa parálisis que es cada vez más común cuando tengo que escribir sobre la muerte y sobre el dolor.

Luego escucho lo que Nicole cree que podría ayudarle y su voz suave me anima a seguir escribiendo este texto, aunque cada parte sea la supuración de una herida que no logro cerrar. La cicatriz de la guerra.

"Creo que me puede servir tener pláticas con otros hijos de periodistas. Que me pueda identificar con algo más y decir: 'ok, no estoy sola, hay alguien igual, exactamente igual'."

Nicole tiene 17 años. Su madre, Rocío Gallegos, es una reconocida periodista que hace muchos años adoptó como su hogar Ciudad Juárez, la última frontera de Chihuahua.

Cuenta Rocío que la primera palabra que Nicole escribió en su vida fue *narcotráfico*. Era el título de un libro que ella tenía en la mesa de su sala y fue lo que Nicole aprendió a deletrear: n-a-r-c-o-t-r-á-f-i-c-o. No *narco*, una palabra más sencilla para una niña de 4 años, que era la edad de Nicole en 2006, el año en el que Felipe Calderón militarizó la seguridad del país. Narcotráfico.

Años después esa frontera con Estados Unidos se convirtió en el epicentro de la violencia en el país, cuando los homicidios aumentaron de 100 a más de 3 mil de un año a otro. Era el 2008 y el ejército había llegado a hacerse cargo de los patrullajes en la ciudad.[2]

La primera vez que hablamos, junto a la chimenea de su casa en una tarde de invierno de *Juaritos*, Nicole tenía 14 años. Estaba en secundaria y su madre era entonces la directora editorial del *Diario de Juárez*.

---

[2] "Operación Chihuahua, otro despliegue mediático que no soluciona la inseguridad", Fundar, 29 de mayo de 2009. Disponible en: <https://fundar.org.mx/operacion-chihuahua-otro-despliegue-mediatico-que-soluciona-la-inseguridad/>.

Platicamos teniendo como testigos silenciosas a Rocío, su madre, y a Andrea, mi hija de su misma edad. Nicole contó de festivales a los que acudía de la mano de su padre o su abuela, porque su mamá estaba de viaje o trabajando en la redacción. O en casa, pero ausente, pegada a la computadora o al teléfono.

Habló de las tardes en las que se quedaba en casa, sola, con miedo. Y de cómo tuvo que habituarse a situaciones tan extraordinarias como que el día de su graduación de la primaria su mamá terminó de trabajar de madrugada porque fue el mismo día que Joaquín Guzmán Loera, el narcotraficante más famoso de México, se fugó de la cárcel.

Inmersa en asuntos de la dirección editorial del diario, Rocío intervenía en nuestra plática para hacer acotaciones: "Lo único que me ha llegado a decir (mi esposo) es que piense bien los pasos que doy para no poner en riesgo a todos, porque a veces no te das cuenta, estás tan concentrada que no te das cuenta de que te expones".

Nicole, entonces, era una niña generosa al sonreír. Cada tanto se apretaba las manos, como si tuviera frío, a pesar del calor de la chimenea.

"A mí lo que me da miedo es que me roben —me dijo esa tarde en Juárez—. Sobre todo cuando no estoy con mis papás […] En mi casa hablan siempre de lo mismo: de las muertes, que uno hizo algo malo, y ya me acostumbré; o sea, a la hora de la comida es más común hablar de la política que de cómo va tu día. El trabajo de mi mamá es un trabajo de mucha responsabilidad. Antes la acompañaba. Luego ella ya no quiso. Ella está conmigo lo suficiente. No me quejo."

Ahora le vuelvo a preguntar qué le significa la guerra que inició en el gobierno de Felipe Calderón y que continúa hasta este encuentro.

"Vivir con miedo —responde rápido—. Estabas fuera de tu casa y tenías miedo de estar ahí. Estabas dentro y tenías miedo de que alguien entrara. A mí quizá no me afectó tanto porque era una niña, pero recuerdo que mi hermano se molestaba mucho con mis papás, él es mayor y no lo dejaban salir... Significa también problemas en mi familia, enojos. Y que mi mamá salía a reportear todos esos eventos y me dejaba con mi abuela hasta muy noche o me dejaba a dormir ahí, sin saber qué estaba pasando… ¿Ha afectado a mi familia? ¡Claro que sí! Mil veces, en todos los ámbitos, todos. No es una familia tradicional. Mi mamá no está, mi mamá nunca estuvo."

Nicole es ahora una joven de bachillerato y aunque no tiene recuerdos de una vida sin guerra, ubica bien el momento en el que empezó para ella. Retomo mis notas de hace tres años y leo lo que me dijo: "Recuerdo muy bien cuando mataron a un amigo de mi mamá, El Choco. Yo estaba preparándome para ir a la escuela y ya no fui. Mi mamá se fue llorando… Yo lo conocí, lo traté varias veces, pero no sabía qué pasaba. Tenía 6 años. Mi papá me explicó. Yo le preguntaba por qué mi mamá estaba así, tan triste. Creo que fue la primera vez que la vi llorar".

Armando Rodríguez Carreón, *El Choco*, era un periodista que cubría la fuente policiaca en el *Diario de Juárez*. Fue asesinado el 13 de noviembre de 2008, cuando arrancaba el automóvil para llevar a su hija de 8 años a la escuela.

Un año después de esa primera conversación Rocío dejó la dirección editorial del diario y se lanzó a la aventura de fundar un medio independiente: *La Verdad Juárez*. Eso implicó dejar de tener ingresos seguros. Volvió a trabajar en casa y, acostumbrada a ser jefa, al principio intentó tomar el mando de la vida familiar. Hasta que un día Nicole la detuvo y le dijo, palabras más o menos: "Te quiero mucho, pero me siento incómoda de que estés en la casa".

Ésa, al menos, es la versión de Rocío.

Nicole me dice por WhatsApp que, teniéndola en casa, empezó a entender mejor el trabajo de su mamá: "De chiquilla yo siempre iba a los eventos. Mi mamá me llevaba. Y yo tenía la idea de que era algo fácil. Pero desde que mi mamá ha estado aquí en la casa y la he podido ver trabajar en vivo me he dado cuenta de que no es nada fácil hacer una nota; es cuidar bastantes cosas: a la víctima, la parte del que agredió, o sea, es algo más difícil y va más allá de lo que uno piensa. Yo pensaba que lo difícil era salir a investigar, pero lo difícil es sentarte y decir: 'ok, esto es lo que se va a contar'."

—¿Qué piensas de los periodistas en México?

—Los admiro muchísimo. Estoy encantada con el trabajo de los *periodistas reales*; me asombro de… al nivel que llegan para que se pueda sacar la verdad, o sea, todo lo que sacrifican por el pueblo, por la sociedad, que se sepa la verdad, que se arriesguen, literal, hasta sus vidas para que los demás sepan qué está pasando.

—¿Y qué piensas de tu mamá como periodista?

—La admiro bastante, o sea, me explota la cabeza realmente. Es alguien con liderazgo, alguien que sigue y sigue y sigue, aunque le avienten mil rocas. Es alguien determinada, que sabe lo que quiere y cómo lo quiere y cuándo lo quiere. A mí a veces me da mucho miedo. ¿Cómo puede sacar esa nota? No, no, no. ¿Qué le ocurre? Y ella me dice que es algo que tiene que saber el pueblo, es la verdad. Estoy completamente asombrada por todo lo que sacrifica. Ella tiene un carácter bien fuerte, es alguien disciplinada, yo realmente no sabía cómo trabajaba hasta que la vi trabajar en la casa. Pero es un ejemplo, así, literal.

Al despedirnos Nicole me dice que aún no tiene claro qué va a estudiar o cómo se mira en un futuro próximo, pero se imagina fuera de Juárez, estudiando y trabajando con gente que, "aunque sea poquitita", quiera cambiar este país.

Úrsula

> *El miedo es una emoción adaptativa (nos ayuda a sobrevivir), es una emoción que puede ser normal en muchas ocasiones pero que en otras resulta excesivo e irracional e incapacita al que lo sufre para llevar una vida normal.*

La frase está en la tesina "El miedo de los periodistas al ejercer su profesión en Xalapa, Veracruz, para el año de 2016", que Úrsula escribió a los 16 años para la clase de metodología de investigación en el bachillerato donde estudiaba.

Ella entrevistó a cinco periodistas que trabajan en Xalapa, Veracruz, a quienes les pidió —entre otras cosas— explicar los sentimientos o emociones que perciben cuando están en una situación de peligro. Esto le respondieron:

Mujer 1: *Miedo, porque no sabes quién te puede hacer algo; frustración, porque estás haciendo tu trabajo, lo tratas de hacer bien y que no te respeten genera coraje.*
Mujer 2: *Ninguno.*
Hombre 1: *Miedo, impotencia.*
Hombre 2: *Angustia, temor, empiezo a imaginarme cosas.*
Hombre 3: *Nerviosismo, temor, ganas de esconderme o de huir.*

Úrsula es hija de Norma Trujillo, una de las periodistas más reconocidas de Veracruz, el estado mexicano más letal para el periodismo. Donde 25 periodistas fueron asesinados en una década y en donde al menos tres compañeros están desaparecidos. Donde, durante la administración del gobernador priista Javier Duarte (2010-2016), las marchas eran dispersadas con toletes eléctricos, la policía formó escuadrones con permiso para desaparecer personas y la academia de policía era usada como centro de tortura.[3] Varias veces he pensado que, de todos los lugares horrorosos en donde he estado en estos años de guerra, Veracruz es el lugar en el que más cerca he estado de entender lo que es una dictadura, porque las estructuras estatales fueron utilizadas como una forma de control social.

A Norma la conocí en mayo de 2012, cuando acababan de matar a Regina Martínez, la corresponsal de *Proceso*, y en Xalapa nadie se atrevía a hablar en voz alta de lo que pasaba. Regina fue asesinada en su casa. El gobierno primero intentó difundir la versión de que se trató de un crimen pasional y finalmente concluyó que fue por un robo, a pesar de que periodistas y organizaciones demandaban que se investigaran sus trabajos periodísticos.

A Úrsula la conocí un par de años después, una vez que me quedé a dormir en su casa y me cedió su cuarto. Era una joven tímida, pero no tanto como su madre. Hablamos entonces de su vida y me enseñó su trabajo de la escuela.

---

[3] José Ignacio de Alba y Daniela Pastrana, "La policía ¿con permiso para matar?", *Pie de Página*, 16 de marzo de 2017. Disponible en: <https://piedepagina.mx/la-policia-con-permiso-para-matar-1/>. Miguel León Carmona, "El exterminio de Veracruz", *Pie de Página*, 11 de febrero de 2018. Disponible en: <https://piedepagina.mx/el-exterminio-de-veracruz/>.

"No me gusta tanto que mi mamá sea periodista, porque se arriesga mucho y es como estresante. Y Veracruz es el campeón de todo lo malo. Yo a veces me enojo porque no me dejan salir. Mi hermano y yo tenemos que avisar a dónde vamos, con quién, dejar algunos números y si es una reunión me tiene que dejar y recogerme. Mi mamá es la que suele tener más precauciones, por lo mismo de su trabajo", me dijo en ese 2016.

—¿Tú tienes miedo? —le pregunté entonces.

—No... a veces. Cuando mataron a Rubén [Espinosa] yo quería que mi mamá dejara de trabajar en eso porque podía salir herida. La primera vez que lo sentí fue con Regina [Martínez], aunque no era tan consciente de la relación con su trabajo. Con Rubén ya era más consciente.

—¿Y alguna vez le has dicho a tu mamá que no quieres que sea periodista?

—No... yo no. Pero mi hermano sí.

Rubén Espinosa fue asesinado el 31 de julio de 2015. Lo mataron junto con la activista Nadia Vera, la trabajadora doméstica Alejandra Negrete, la modelo Mile Martín y la maquillista Yesenia Quiroz, en una casa de la colonia Narvarte en la Ciudad de México, a donde el fotógrafo había llegado semanas atrás huyendo de Xalapa.

Como en la gran mayoría de los crímenes de periodistas, el gobierno dijo que se trató de un asunto entre particulares y se resistió a investigar las denuncias que había hecho Rubén en contra del gobernador de Veracruz responsabilizándolo de lo que le pudiera pasar.

En junio de 2019, dos años y medio después de encontrarme con Úrsula, fui a Xalapa a la presentación del portal *Voz Alterna* que fundó un pequeño grupo de periodistas de Veracruz dirigidos por su mamá. Entre los asistentes estuvieron académicos, luchadores sociales, activistas y artistas silenciados por el miedo en los años del terror, pero que salieron del marasmo, en buena medida, por el empuje de los periodistas. Úrsula también estaba ahí, en el staff de la organización. Vestía la camiseta del colectivo de *Voz Alterna*.

Apenas pudimos conversar. Pero era evidente que estaba emocionada —todos lo estábamos— por la presentación del nuevo proyecto periodístico.

Después de eso, ella dejó Xalapa para estudiar medicina en la Ciudad de México.

Le pregunto ahora qué piensa del tema de su trabajo escolar y me dice que aún tiene miedo y mucha frustración por lo que la guerra le ha quitado: libertad.

"Sigo teniendo la misma postura, quizá un poco más construida o ampliada. Sigo pensando que el miedo está ahí, al ejercer su profesión, y quizá también causa otros problemas psicológicos, como tener más desconfianza, que a su vez puede repercutir en paranoia. Todo este ámbito en el que viven de violencia causa temor…

"[La guerra] sí ha repercutido en mi familia, sobre todo en el aspecto de salidas: tengo 19 años, mi hermano tiene 21, y ambos tenemos que avisar a dónde y con quién vamos, dejar un teléfono, a veces nos llevan a los lugares, nos van a recoger, como que hay mucho control de con quién estamos. A veces ni siquiera nos dejan ir porque es peligroso. Las repercusiones son sobre todo en ese aspecto, que yo llamaría libertad, y que entiendo que es por la violencia que hay en el país, pero es un poco frustrante."

De su madre, dice:

"Ella es muy valiente al decidir ejercer esta profesión en un estado donde han asesinado tantos periodistas y por ser una persona íntegra en su trabajo, es decir, que no recibe sobornos y que no escribe información como quizás algunos políticos y funcionarios quisieran que lo hiciera; siento que eso le puede traer muchos riesgos y por eso considero que puede ser muy valiente."

Pero no tiene la misma opinión de la mayoría de los periodistas. El periodismo, dice, es una profesión muy mal pagada y por eso dentro de los medios hay mucho control del gobierno. "Hay periodistas que se aprovechan justamente de esta situación para conseguir dinero en forma de soborno y de chantaje a las figuras públicas."

Para Úrsula, la única salida posible es "que mejore la inseguridad y violencia en el país, porque aunque tengas atención psicológica quizá cambien tus emociones, pero si el ambiente externo sigue igual todo se va a quedar en lo mismo".

Quizá por eso no piensa en volver a Veracruz.

Mariana

25 de marzo de 2019

Hago esto para hablar a nombre de hijas de periodistas que han asesinado y han tenido que exiliarse del país.

Hablo a nombre de todas las hijas e hijos porque es el mismo dolor que todos sentimos al separarnos de nuestros padres y madres.

Nosotras, las hijas e hijos no tenemos la culpa. ¿Por qué arrebatarnos a nuestras mamás, a nuestros papás, de nuestro lado?

Desde pequeñas o pequeños, en varias ocasiones, nos dejaban con familia o amistades para cubrir acontecimientos que han sucedido fuera de la ciudad y del estado. Nos ha tocado escuchar en casa varias horas entrevistas por teléfono y escuchar hablar de los asesinatos, de acompañar a las familias de víctimas; es un trauma que nos han dejado y nos han arrebatado la alegría de vivir en la seguridad.

Muchos como yo han tenido amigas, tías, primas, cualquier mujer de la familia, incluyendo hombres, pero ¿quién sustituye un abrazo de mamá o papá? Nosotros también necesitamos ese abrazo, de amor de ellos. Si los matan y exilian, también nos matan y exilian a nosotros.

La carta, escrita a mano en una hoja de cuaderno rayado, con letra redonda, es de Mariana, la hija de Patricia Mayorga, una periodista que en 2017 recibió el prestigioso Premio Internacional de la Libertad de Prensa que entrega el Comité para la Protección de los Periodistas (CPJ, por sus siglas en inglés), por su trabajo de investigación para la revista *Proceso* sobre los vínculos de políticos con el crimen organizado y las desapariciones forzadas de indígenas en el país.

Cuando Mariana escribió esas líneas (como parte de un ejercicio psicosocial) su madre llevaba dos años cambiando de residencias fuera de Chihuahua, su estado natal y donde desarrolló toda su carrera periodística.

En marzo de 2017 Patricia tuvo que dejarlo todo, incluido su proyecto de tener un medio bilingüe para los indígenas rarámuris en Chihuahua, cuando su colega y compañera de coberturas en la sierra, Miroslava Breach, fue asesinada fuera de su casa.

Al asesinato de Breach se agregó, dos meses después, el de Javier Valdez, en Sinaloa. Los dos corresponsales de *La Jornada* eran parte de una élite de periodistas que trabajan para medios de proyección nacional e internacional, y por lo tanto tienen en principio un blindaje mayor que otros periodistas locales. Sus asesinatos impunes, y a plena luz del día, conmocionaron a un gremio que ya sumaba más de 100 homicidios en una década de guerra.

Patricia se convirtió en un alma errante, obligada a cambiar de residencias de un país a otro, en distintos programas de refugio. Mariana la siguió unos meses, luego regresó a Chihuahua, donde ahora estudia para ser maestra de preescolar.

Cuando la entrevisté por primera vez toda esta historia no existía: ni habían matado a Miroslava ni Paty había tenido que salir de México para salvar su vida.

Mariana tenía entonces 16 años y desde los 6, cuando su padre se separó de su madre y se desentendió de las dos, había estado a cargo de sus abuelos maternos. Yo viajé a Chihuahua a entrevistarla a ella, a Nicole y a las hijas de otras activistas de Juárez, pero por distintos motivos no pudimos vernos y conversamos por teléfono a mi vuelta.

Vuelvo a mis apuntes de ese invierno y reviso su testimonio:

"Mamá: ¿puedo decirle que unos años me dejaste con mis abuelos? ¿Y que bajé en mis calificaciones? ¿Puedo contarle que sentía que no estabas a mi lado?... Pero ya luego entendí. Fue cuando conocí a las madres que buscan a sus hijas desaparecidas. Cuando oí todo lo que han pasado, entendí que es importante que se conozcan sus historias. Y por qué es importante lo que hace mi mamá."

Volví a entrevistarla en septiembre de 2019. Patricia pasaba unos días en la Ciudad de México, de transición entre el cambio de residencia de Perú a España. Mariana ya había cumplido la mayoría de edad y había definido que quería ser educadora.

La conversación duró varias horas y salí con la sensación de que había tenido una lección de vida. Mariana me contó de su infancia, de sus miedos, de su soledad. Me dijo que cuando mataron a Miroslava y Patricia, su madre, tuvo que salir de Chihuahua forzadamente, ella realmente no entendía, no sabía dimensionar lo sucedido. Fue después, en el viaje a Perú, cuando pasaron más tiempo juntas, que Patricia le explicó muchas cosas y Mariana entendió que pudo ser su madre la periodista asesinada y ella la huérfana. También me dijo que fue en Nueva York, cuando Paty recibió el Premio de la Libertad de Prensa —para entonces llevaba ocho meses exiliada— cuando entendió en toda su dimensión la importancia de su trabajo.

"En Nueva York entendí quién es mi madre [...] cambiaron muchas cosas, cambió la perspectiva que tenía con el trabajo de ella y me di cuenta de qué era lo que realmente hacía [...] y cambió todo porque no regresé con ella, sino sola. Y llegué [a Chihuahua] más fortalecida y más madura."

Esa joven madura no lloró ni aceptó que la mirara con preocupación. Por el contrario, cuando le pregunté qué creía que necesitaba para sanar sonrió compasiva y, con cierta ironía, respondió que ella no estaba enferma y que, en todo caso, quien necesitaba ser cuidada era su mamá... igual que las otras periodistas quienes hemos documentado los saldos en el campo de batalla.

"Ustedes son, por el trabajo que han hecho, de las personas más afectadas por la violencia, pero siento que a mí no me hizo tanto daño como a ustedes, porque hubo quienes me cuidaron y se hicieron cargo de que yo no tenga tanto daño. Entre esas personas, mi mamá."

Por WhatsApp le insisto sobre este tema. Me dice que también ha sido importante platicar con la psicóloga que les ha dado acompañamiento psicosocial para comprenderse a sí misma y decidir seguir sus estudios en Chihuahua.

Patricia cumple ya 30 meses exiliada y no puede volver a Chihuahua porque las condiciones políticas que la obligaron a irse no han cambiado. El mismo funcionario involucrado en el asesinato de Miroslava, que las grabó a las dos y luego entregó la cinta al narco, sigue en activo. Este fin de año estarán separadas.

—¿Qué ha sido lo difícil de estos años?

—No tenerla cerca físicamente y extrañarla. Ella es muy fuerte por enfrentar todo; yo sé que ha tenido miedo, pero no lo mostró.

El periodismo es riesgoso, pero es un trabajo bonito porque te permite ayudar a otros. ¡Y ella es una de las mejores periodistas que puede haber en todo el mundo!

Andrea

El 10 de mayo de 2013 regresé a mi casa desmoronada de la marcha anual de las madres que recorren el país buscando a los hijos desaparecidos. Los arrebatados, los ausentes, los que nunca volvieron a su casa. No tenía ánimos para ser felicitada por ser madre.

Andrea, mi hija, tenía 9 años y me escribió esta carta:

Querida mamá:

Espero que este día estés muy feliz porque aunque muchas mamás están sufriendo, tú sigues conmigo, y por eso yo te celebro este día. Tú siempre te vas, pero siempre regresas. Te preocupaste por mí siempre. Por estas y más razones, te amo y te deseo un feliz Día de las Madres.

Otros dos momentos previos marcaron su relación con mi trabajo aunque ella los recuerda poco:

El primero fue en agosto de 2010, cuando el secuestro de cuatro periodistas de *Milenio* y Televisa en Gómez Palacio, Durango, nos metió de lleno al activismo gremial y en la Red de Periodistas de a Pie organizamos la marcha de "Los queremos vivos". Elia Baltazar y yo fuimos las voceras de un grupo que debía mantenerse anónimo para evitar represalias laborales, como suspensiones o despidos por exigir condiciones de seguridad para hacer nuestro trabajo. Durante dos semanas en mi casa no se habló más que de la marcha y mi compañero y mi hijo mayor (que acababa de cumplir la mayoría de edad) participaron activamente colgando mantas y apoyando en la logística.

Andrea tenía 6 años y no sabía de qué se trataba, pero quería participar de lo mismo que ocupaba la atención familiar. Yo no quise. No podía sentirme tranquila de que hubiera imágenes de ella circulando en internet mientras yo salía en la tele cuestionando a un Estado criminal.

Mi papel como directora ejecutiva de la organización que encabezaba las denuncias en la ONU, las misiones de observación y todo lo que se nos ocurrió en los cinco años en los que la Red de Periodistas de a Pie fue la central de alertas de la violencia contra el gremio definió, entonces, una decisión que durante mucho tiempo fue inamovible: separar de tajo mi vida personal del trabajo.

La más afectada por esa decisión fue Andrea, a quien en estos años varias veces le han preguntado si tiene mamá, porque en los espacios de convivencia escolar o deportiva sólo conocen a su padre y a su abuela.

La segunda cosa que definió su relación con mi trabajo ocurrió en marzo de 2011, cuando asesinaron al hijo de Javier Sicilia y me volqué en la cobertura de víctimas de la violencia. La caminata de cuatro días de Cuernavaca a la Ciudad de México y la Caravana por la Paz con Justicia y Dignidad que cruzó en zigzag el país desde el centro hasta Ciudad Juárez nos pusieron de frente con el monstruo que asola a este país desde que inició el conflicto armado.

Volví de Ciudad Juárez sintiéndome extraña en mi casa y durante los siguientes dos meses me dediqué a algo insólito: ver telenovelas. Andrea tenía 8 años y todavía ahora se sabe de memoria las canciones de *Doña Bárbara, La tormenta, Pasión de gavilanes y Café con aroma de mujer* (que encontré en internet).

Después de eso yo evitaba lo más posible llevar los temas del trabajo a mis —cada vez más pocos— entornos familiares, como si se tratara de dos dimensiones paralelas en un mismo espacio.

Así fue hasta que ella se enojó. En su último año de la escuela primaria recibimos una señal de alerta de su maestro: el grupo estaba metido en la práctica de autoflagelarse con cortes en la piel. Ella era una niña con mucha atención de sus abuelas, de su padre y de nuestras enormes familias. Iba a clases de ballet y de natación. También era líder de su grupo de amigas, que la quieren hasta la fecha. Pero estaba enojada. Ni siquiera sabía explicar bien por qué, aunque para mí era claro que el problema, su problema, era conmigo.

El cambio de ciclo escolar y el reportaje de las hijas de activistas dieron pauta para que, por primera vez en más de seis años, la llevara a mi trabajo.

Ese diciembre de 2016 ella tenía 12 años. Fuimos a Ciudad Juárez y juntas escuchamos la historia de Nicole, de Ana Clara (la hija de Lourdes Almada) y de Valentina (la hija de Josefina Martínez). Viajamos a la capital, Chihuahua, para buscar a Mariana y estuvimos a punto de quedarnos varadas en el tránsito de vuelta a casa en la víspera de Navidad.

Ella era una adolescente en su primer año de secundaria y seguía esperando que su mamá volviera a ser la de antes, cuando ella era pequeña y le contaba cuentos, pintaban juntas, o se disfrazaba para sus fiestas. Son cosas que recuerda poco, pero las sabe y añora por las fotografías y los relatos de sus abuelas, sus tías y su papá.

Después de ese viaje compartido le pregunté qué pensaba de mí. Ella me definió como una mujer "toda *buenez*, mega paciente y bromista", que nunca dejaba de trabajar ni de pensar en los demás.

"Te acostumbras a despertar y preguntar por tu mamá y que te digan que está en una conferencia en China o en un lugar muy peligroso de Guerrero o de Tamaulipas… *casual*", decía entonces.

Andrea es ahora una bella joven de 15 años que hace unos meses se rapó su largo cabello ondulado. Usa un pañuelo verde amarrado a la mochila y suele ir a marchas contra la violencia de género o de movimientos estudiantiles. También es activista en favor del medioambiente y tiene la costumbre de no hablar en conversaciones si nadie le hace una pregunta concreta, aunque no es introvertida. Por el contrario, tiene una voz fuerte para decir lo que piensa y una sonrisa hermosa que suele usar en su favor para conseguir permisos de sus padres.

La mamá que le contaron que existía antes de 2010 nunca regresó a casa. Pero la que tiene ahora no le parece tan mal. Hablamos de ella, que soy yo, en tercera persona.

"Es una mujer muy fuerte. La forma en que ha logrado salir adelante con el periodismo es de verdad extraordinaria. Aunque tenga muchísimo trabajo y no duerma, ella nunca se rinde porque es súper dedicada y cuando se propone algo lo cumple [...] Sé que ha sido difícil para ella. La he visto tener pesadillas y dormir dos horas diarias, desde pequeña he estado poco con ella ya que siempre está viajando, pero sigue aguantando porque alguien debe hacer lo que hace. Me siento muy orgullosa de ella, de lo que ha logrado y también me alegra muchísimo verla feliz con lo que hace y me llena de felicidad saber que cada vez tiene menos miedo. Es un completo ejemplo para mí."

Andrea ha tenido que madurar prematuramente. Ha tenido que entender lo que nadie a su edad debería entender: la ausencia, el dolor, la guerra.

"Cualquier tipo de guerra es una estupidez —me dice ahora—. No me puedo explicar que piensen que la solución para algún problema sean las armas, y peor, usarlas con tu propio pueblo. Se me hace de lo más inhumano y egoísta."

—¿Tu familia se ha modificado?

—De cierta manera sí, aunque no haya violencia directamente dentro de mi familia sí nos hemos vuelto un poco más distantes. Mi mamá empezó a trabajar de una manera extraordinaria y casi no pasamos tiempo juntas.

No, no pasamos mucho tiempo juntas. Esta entrevista, como las demás, la tengo que hacer en pedazos, entre viajes y por mensajes de WhatsApp.

Le pregunto de mi trabajo, también en tercera persona.

"Ella [yo] sabe que el periodismo en este país implica mucho riesgo, pero ha sido lista y ha sabido ser precavida con su información personal [...] Me encanta que haya gente que se comprometa a este tipo de trabajos ya que gracias a los periodistas tenemos la oportunidad de darnos cuenta de la realidad en la que vivimos, son quienes nos ayudan a formar nuestro criterio y a mantenernos informados. No cualquiera puede ser buen periodista. Se necesita demasiado valor y demasiada inteligencia. Especialmente en México, un país con tanta violencia, y tan lleno de censura. En mi opinión, el periodismo es de las profesiones más *rifadas* que hay."

—¿Tienes algún miedo?

—Sí, suelo tener miedo por cada chica que conozco porque sé que corre más peligro que un hombre, pero intento no dejarme llevar por ese miedo. Creo que es importante superarlo para poder conseguir cierta libertad.

—¿Cómo te ves en el futuro?

—Bueno, pues tengo muchas visiones sobre mí en muchos años. Supongo que estaré trabajando o estudiando… y espero estar viajando mucho.

* * *

Hace tres años, mientras caminamos por el puente internacional de Ciudad Juárez con nuestras hijas, le pregunté a Lourdes Almada cuál era la fórmula para que Ana Clara, que entonces tenía 11 años, se sintiera protegida en una ciudad donde se respira desesperanza. Lourdes enlistó varios ingredientes, pero uno destacaba: la participación en procesos constructivos que dan esperanza.

"La exposición a la violencia fractura los vínculos de confianza. Lo que necesitamos es estar muy presentes, pero, sobre todo, trabajar para que los niños sepan que pueden confiar en el país", me dijo.

Ahora, escribo estas líneas en el *deadline* de entrega del texto, desde un cuarto en Goré, una isla de Senegal que durante más de 300 años fue habitada sólo por esclavos y que hoy es un centro de memoria y arte. La residencia está decorada con cuidado en los detalles y en las paredes hay alegres dibujos de mujeres. Repaso por enésima vez mis apuntes y grabaciones. Las escucho y me siento en confianza, como si esas niñas me ayudaran a compartir una maleta que pesa.

Lloro y río. Por lo perdido y por lo ganado.

Vuelvo a mis notas: "La guerra trastoca, rompe, descoloca, pone a prueba hasta el sublime mito del amor de las madres mexicanas", escribí entonces. Pero si algo me han enseñado en estos años Nicole, Úrsula, Mariana y Andrea es que esta batalla, la de nosotras, ha valido la pena.

Ellas, nuestras hijas perdieron a sus madres. Nos vieron diluirnos en la angustia, el enojo, el miedo, el horror. Pronunciaron la palabra *muerte* más que la palabra *vida*. Los *lores* de la guerra les robaron parte de su infancia.

Pero el amor, terco, tejió una historia paralela. Otra historia. Su historia.

Y las hizo fuertes. Más que nosotras.

A su diccionario de la muerte le sumaron otras palabras. Sus palabras: *Amor. Comprensión. Futuro. Mujeres. Libertad.*

Reconstruir.
Armarse el cuerpo, el tejido y lo inasible. Regenerar lo destruido o perdido desde lo que se conserva: la dignidad.
Volver a plantar la vida arrancada y trabajar en retoñar.

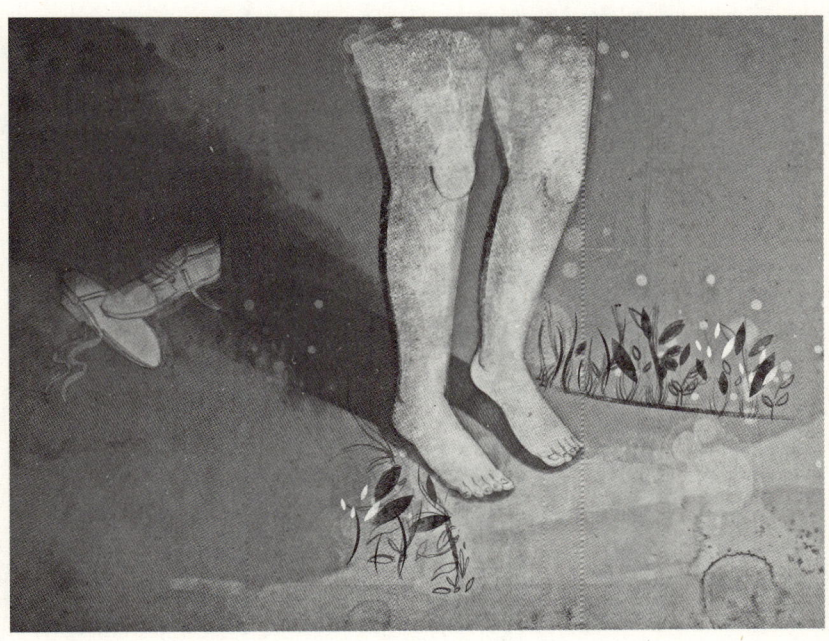

Las desplazadas se arman a diario

Por Celia Guerrero

En la casa rentada en donde ahora vive Esperanza la decoración es sobria. Hay sólo un par de cuadros colgados de las paredes y la estancia se ilumina con la luz del sol que entra por la única ventana, la de la cocina. Esperanza está en la sala con su gato que le merodea en las piernas. Es una mujer pequeña, de rasgos finos y voz suave, de personalidad parsimoniosa pero alegre. Cuidadosa con su aspecto personal, lleva recogido el pelo teñido de rojo con una cola alta y aretes largos, muy vistosos.

Por fuera la casa luce un poco descuidada, como si nadie viviera allí. Resaltan, sin embargo, una cámara de seguridad que apunta hacia la calle, el doble enrejado de la puerta de entrada y alambres de púas sobre la barda compartida con la casa vecina. Esperanza cuenta que todo eso lo colocaron cuando el Mecanismo de Protección de Personas Defensoras de Derechos Humanos y Periodistas, una oficina de gobierno, le otorgó las medidas de seguridad. Y es que, desde que fue desplazada de su hogar en 2012, Esperanza pasó de ser comerciante en una comunidad del municipio de Sinaloa de Leyva, a una férrea defensora de los desplazados. Cuando habla de su nueva labor ya no es más esa delicada mujer, sino un incendio.

A Esperanza sus vecinos de la colonia le llaman *La Exiliada*. Llegó a esta zona periférica de la ciudad después de haber sido expulsada de su comunidad, en la sierra de Sinaloa. Allá quedó su ranchito, su patio amplio con árboles de durazno. Acá renta una casa que parece estar abandonada en la esquina de dos calles terrosas. Pero ella no ha dejado atrás ninguna patria y —si atendemos al significado estricto de la palabra— no es una exiliada. Esa ciudad que le sirve de refugio está a tan sólo horas del lugar donde nació y vivió más de 50 años. Por eso ella prefiere definirse como una desplazada interna.

Haber sido arrancada de su vida anterior hoy la redefine: Esperanza intentó volver a su comunidad junto a otras familias desplazadas, pero cuando supo que el retorno era imposible, se enfocó en buscar ayuda para reconstruir su vida y las de quienes estaban en la misma situación. Se volvió defensora sin darse cuenta. Ha realizado censos de desplazados internos de Sinaloa y ha expuesto la falta de reconocimiento del problema en foros internacionales y nacionales. Como consecuencia ha sido retenida y amenazada por criminales. A la par lidia con la fibromialgia, una enfermedad que se agudizó desde que huyó de su casa.

Esperanza es una de las muchas mujeres a quienes la violencia expulsó de sus hogares, cambiando radicalmente su vida. Como ella, otras mujeres desplazadas sienten que sus relatos han sido ignorados. El dolor de perder sus pertenencias, asociadas a recuerdos que añoran, les parece poco comparado con el dolor de quienes han perdido a sus familiares, asesinados o desaparecidos. Pero a más de una le duele lo mismo: los recuerdos. Otra de ellas confesó, mientras pedía perdón por llorar y se cubría el rostro, que a nadie le había contado esa historia. Pero fue porque nadie se lo había preguntado. Y hay varios detalles, entre ellos la colusión de autoridades con grupos criminales, que quisieran contar abiertamente, pero prefieren narrarlo desde el anonimato para protegerse. Es por ello que aquí se depositan sus dolores, recuerdos y expectativas, desde el origen más sensato: sus voces y sus palabras.

I. Previo a la salida

Vivíamos muy a gusto porque allí era pura familia, donde vivíamos era pura familia. Allá se sembraba que maíz, allá que el frijol, de todas las verduras uno sembraba allá. Sembraba que huertas, que todo eso. Y pues no sufría uno. Estaba uno acostumbrado que todo lo que va a comprar aquí, todo lo siembra uno allá. Se ponían a ordeñar y hacía queso, la leche nunca nos faltó para las criaturas porque tuve 16 hijos. Por esa parte no sufríamos. Si nos hacía falta algo, vendía mi esposo un becerro, una res, por decir, y ya para comprar lo que hacía falta. [3]

Cada quien trabajaba y pues sí había gente que andaba en sus pequeños negocios, pero la mayoría de las familias vivían de la manzana, de durazno, de cosechas que se dan ahí en la sierra. Comerciantes que tenían sus abarrotes, gente bien, gente que vivía tranquila, del ganado. Muchos indígenas que vivían de las artesanías, que nunca aprendieron ni siquiera a hablar español. [2]

Nosotros hacíamos los fines de semana carnes asadas con los maestros de la primaria y el doctor, y bromeábamos al respecto porque nunca pensamos que fuera a llegar a tanto, como en las otras comunidades que escuchábamos que no dormían. Al doctor le hacíamos bromas: "Doctor, si llega a haber algún agarre, un enfrentamiento, usted salga corriendo aunque sea sin zapatos porque lo van a querer llevar a darles auxilio". De hecho, el doctor, cuando fue el primer muerto, él se vino, tuvo miedo. Nosotros le decíamos de broma pero de buena suerte que se vino porque, si no, lo hubieran podido tomar como rehén para que curara a sus heridos o algo. Una maestra decía: "Yo duermo con los zapatos puestos y una mochila en la cabecera con botellas de agua porque voy a correr por el panteón y, si me pierdo, pues que el agua me dure lo que tarden en encontrarme". Y así, hacíamos bromas, viéndolo como algo que no iba a suceder, por eso bromeábamos. [5]

"Maestra, ¿sí escuchó que pasaron ayer los carros? ¡Qué miedo! —decían los niños— ¿Y si llegan a venir? ¿Qué vamos a hacer? ¿A correr?" "No —les decíamos—, aquí en la escuela están seguros, además no tienen por qué venir a molestarlos a ustedes." Aunque de cierta manera sí teníamos temor porque sabíamos que en otras partes andaban reclutando a los más jovencitos, más vulnerables, y sí teníamos temor. Los chamacos también. [5]

Llegan los grupos armados y toman posesión de sus casas, de sus tierras, de sus animales y quieren que trabajen para ellos sin paga alguna. Es gente que les gustaba trabajar y vivir de lo que ellos hacían, pero no es justo ni lógico que alguien llegue a tu casa y te diga: "Ahora yo soy el dueño y vas a trabajar para mí" y es como lo están haciendo. Y si no, el que dice que no, lo matan. Entonces mucha gente lo que hace es mejor huir, salirse de ahí y empezar de nuevo. [2]

Como en junio se veían pasar los carros. Ya la gente tenía miedo porque pasaban los carros llenos de gente armada que... de verlos nada más, daba miedo. En septiembre mataron a un muchacho y era una persona que nosotros conocíamos, no se metía con nadie, y lo mataron... lo mataron bien feo. Ya de ahí sabíamos que en el rancho vecino la gente dormía fuera de sus casas, se iban a otros lados por si los iban a buscar no los encontraran... tenían ya mucho miedo. Como al mes que mataron a ese muchacho, mataron a un tío mío... Nadie está a salvo. Nadie está a salvo y lo mejor es salirnos en lo que pasa esta situación. [5]

Habían matado a un señor, se escuchó la ráfaga, lo recogieron hasta el otro día en la noche. ¿Quién se iba a arrimar a recogerlo? Nadie. Las puras mujeres íbamos y recogíamos los cuerpos, éramos las valientes. Los hombres, nadie se arrimaba por el temor que los mataran ahí mismo. Entonces las mujeres nos dábamos valor unas a otras para ir a levantar los cuerpos. [1]

II. El día de la salida

Los niños llegaron a la escuela como cualquier día normal y ya los maestros estaban sacando boletas, todo. Mandaron a los niños a que les hablaran a los padres para avisar que ellos se iban en lo primero que saliera de allá. A alguien se le ocurrió decir que iban a llegar *los del grupo*. ¡No, pues, imagínese! Se hizo la desbandada de gente... Una cosa que yo no deseo ni acordarme. Ver a la gente que decía "Llévame, llévame, necesito irme". La gente que no tenía para echar gasolina en las mismas tiendas le decían "Eche gasolina, llévese a la gente". Así salimos, no pensábamos en qué se iba a quedar, en qué nos íbamos a traer ni nada. Lo único que queríamos era venirnos. ¡Quién iba a acomodar! Habíamos atizado la hornilla en la mañana y se quedó con la lumbre y el desayuno a medio hacer. [1]

Los coches iban llenos de gente y por eso no pudimos sacar pertenencias. No nos imaginábamos, pensamos que nomás iba a ser una semana; ni pensábamos por el miedo y la urgencia de salirnos. Pero pasó el tiempo y nada, cuando volví ya las casas estaban completamente saqueadas, ya no había nada, ni camas ni estufas, nada. Fui con la idea de traerme un comedor bueno de madera de cedro que tenía y ya no estaba. [1]

De la noche a la mañana nos tuvimos que salir porque llegaron y nos arrebataron a mi hijo y a mi esposo. Ahí los mataron, sin pensarlo, sin tener ellos nada con nadie. Y hasta la fecha no sabemos ni por qué. Nomás, de la noche a la mañana… Y desde entonces nos vinimos y hasta la fecha acá andamos, sufriendo. [3]

El día que salimos de mi comunidad, amanecieron tres personas de una misma familia asesinadas. Al venirnos nosotros, ahí quedaron los cuerpos. Estábamos enfermos de miedo. Ese día dejaron mensajes de que iban a reclutar a los hombres de la gente que se quedara, ésa fue la amenaza más fuerte. Yo tengo dos muchachos que podían quitarme, tengo ocho hijos y hay familias hasta de 14 personas. Algunos por voluntad decidieron unirse a esos grupos y no dejar sus casas. [1]

Nosotros fuimos a ver a los muertos. Con mucho miedo, por una vereda para que no nos vieran porque decían que había mucha gente armada en los alrededores. Y lo único que pudimos hacer fue poner un hule para que no les diera el sol y prender una veladora. Toda la gente yéndose, asustada, no hallábamos para dónde correr, nos tropezábamos todo el mundo. Fue muy fuerte. Muy fuerte porque no sabíamos… no sabíamos ni por qué. [5]

Tuve que guardarme mis miedos y estar aparentemente fuerte para que mis hijos no sufrieran y no miraran lo que se estaban perdiendo o lo que estaban dejando. Son esos momentos que quieres llorar pero no lloras, te congelas. [2]

Todo lo que tenía en la casa lo perdimos. Teníamos animales, terrenos, todo perdimos. Allá quedó todo. No se sacó nada por miedo, todo se perdió. Eso pasó en agosto, había siembra de maíz, y todo se perdió, animales y todo lo que había en la casa, todas mis cosas quedaron ahí. Yo nunca quise que vayan para allá a sacar algo, preferí mejor perder lo que había que perder a otro de mis hijos. [3]

III. Un nuevo lugar

Los primeros años fueron muy difíciles, mi mamá quiso caer en depresión, no lo asimilaba. Ella se imaginaba que habían matado a mi papá, mas no sabía que mi hermano había fallecido, supo cuando nos iban a entregar el cuerpo. Para todos fue muy doloroso porque en el velorio nadie tenía dinero, se vinieron sin nada, ni cómo hacerle. Lo bueno que yo ya estaba trabajando aquí y tenía para la caja y eso. Fue muy complicado todo, de alguna manera teníamos que darles sepultura. [4]

No nos caía el veinte, lo primero que pensamos fue pedir apoyo del gobierno. Pensamos que nos iban a dar el apoyo y que nos iban a acompañar y regresar a nuestros pueblos, nunca pensamos que fuera a ser definitivo. Conforme pasó el tiempo nos empezó a ganar la desesperación ya que vimos que no conseguimos nada. Empezamos a rentar casas y ahorita todavía hay familias que viven de dos o tres familias juntas en cada casa para ayudarse con la renta. [1]

Era muy incómodo porque, acostumbrados a vivir en una casa grande y de repente hacer el cambio a una casita de Infonavit en donde éramos 13 o 16, y los que cabíamos en la sala, en la salita chiquita que tienen las casitas, teníamos que hacerlo de la manera en que se pudiera… teníamos que buscarle como pudiéramos. [4]

Aquí las costumbres son muy diferentes. Allá todo mundo se conocía, se saludaba, tenías una necesidad y podías acudir a cualquier persona. Y aquí no, si tienes una necesidad, un problema, si no son tus familiares, tus conocidos, nadie te ayuda. Simplemente los vecinos a veces te dan los [buenos] días, a veces no. Es muy diferente. [5]

Los hombres, por ejemplo, allá en el campo ellos son sus propios jefes, trabajaban sin horarios, sin presiones. Allá poquito que ganaran era de su esfuerzo propio, aquí se les hace muy difícil trabajar con patrón, que les paguen poquito, que no están preparados, no saben leer, no saben escribir bien. Y las mujeres, de alguna manera, somos más adaptadas, nos resignamos. Allá la mayoría de las mujeres se dedicaban a su casa, al hogar, a los niños y eso y ahora aquí son las que trabajan, son las más trabajadoras y las que aceptan que otra persona las mande, tener una obligación formal. A los hombres no les gusta saber que ya no son dueños de nada, que no tienen nada. [5]

Es horrible dejar todo, tu vida, tus cosas, explicarles a tus hijos por qué te vas, ni siquiera explicarles porque ellos no te van a entender. Llevártelos con engaños, que te vas a cambiar, decirles: "Vamos a tener una nueva vida", cuando ni siquiera sabes a dónde te vas a ir, a dónde vas a llegar o cómo vas a enfrentar lo que viene… Llegar a otro lugar y que los niños, más que nada, no entiendan. Te reclaman sus cosas, a sus amigos, el dejar una vida atrás, no poderte comunicar ni con tu familia. Es algo muy difícil. [2]

Pensábamos que iba a pasar, que los grupos —como se supone que eran problemas entre ellos— iban a tener sus encuentros y la gente que no teníamos nada que ver íbamos a poder regresar y seguir nuestra vida. Pero no pasó así. Pasó una semana y nos tuvimos que venir para acá porque no se podía regresar y estábamos con unos familiares que no había ni dónde quedarnos ni nada, dormíamos en el piso. Ya de una semana se fue prolongando, meses, años y aquí estamos todavía, batallando y sufriendo. [5]

IV. Lo irrecuperable

La comunidad era muy hermosa. El paisaje muy bonito y la convivencia muy bonita también porque todo mundo era familia. Por ejemplo, en la mañana, cuando iba a trabajar, la gente estaba barriendo y "¡Buenos días!", "¡Adiós, tía, abuela!" Mucho cariño, mucha convivencia entre la gente. Me hubiera gustado morirme allá. [5]

En mi jardín tenía muchos rosales, a mí me fascinan los rosales. Desde siempre, para donde salía, siempre me gustaba pedir puños de matas para traer para la casa. Tenía unos rosales tan hermosos, bien bonitos, contra la casa, bien bonito tenía mi jardín… ahora nomás se acuerda uno de las cosas… porque a mí siempre me ha gustado el jardín. Y aquí ni para poner una mata porque, ahora estoy aquí y ahí voy otra vez, igual pa' fuera. Ni pa' sembrar una mata de nada. [3]

Teníamos como 50 vacas y otros animalitos… Mi pensamiento siempre fue vender todo lo que tenía uno y venir a comprar en dónde vivir, pero no pudimos, no lo logramos. [3]

Yo nunca pensé pasar por esto. Nunca. Y mucho menos que mis hijos pasaran por todo lo que hemos vivido. Hasta ahorita lo único que hago es darle gracias a dios de que aún estoy viva y que no me han tocado a ninguno de mis hijos. Antes yo dormía tranquila, ahora cualquier ruido ya estoy a la defensiva o siempre estoy mirando quién está a mi alrededor. Te cambia la vida de una manera que no hallo cómo decírtelo. [2]

La comunidad estaba desolada. Estaba igual de bonita que siempre pero diferente porque ya no estaban las personas que vivían cuando nosotros estábamos allá. Fue como si hubiera sido otro lugar. Había gente, poca, pero sí había. Las casas, algunas quemadas, saqueadas. Mirábamos por los patios la ropa tirada, pedazos de muebles, de cobijas, loza, como que sacaban y ahí iban dejando tirado. Algunas casas sin techo, sin lámina, sin ventanas, sin puertas, de lo que se veía a simple vista por la carretera. No nos atrevimos a... andar husmeando porque íbamos con miedo y todo. Mi casa era de adobe y lámina de cartón, y ya se había caído un poquito de lámina, se estaba cayendo. Igual, todo lo que dejamos tirado por el patio y por todos lados, la ropa de la niña, una base de una cama que no pudimos sacar, desbaratada, como que la intentaron sacar y se desbarató. Todo abandonado. [5]

Me duele todo. Los recuerdos, mi papá. Me duele no poder ir a prenderle velas, a limpiarle su capilla. Y me duele no poder volver a ese lugar donde fui tan feliz. [5]

V. Los olvidados de la guerra

Cuando nos vinimos no sabíamos cómo estaba la situación, teníamos esperanzas, queríamos volver, no pensábamos que todo fuera a seguir y a llegar a tanto, tantos muertos y tantas cosas feas. Esperábamos apoyo del gobierno, esperábamos que la sociedad se conmoviera, se condoliera de nuestra situación, y nos han ignorado completamente. [5]

Nosotros empezamos a hacer escritos para el gobierno municipal y estatal, pedimos entonces que mandaran bases militares para poder regresar. Nunca pensamos en quedarnos aquí, en empezar de nuevo, lo que queríamos era volver, volver y volver. Ya que pasó un año nos dimos cuenta que eso no iba a suceder. Empezamos en la lucha para que nos apoyaran, nos reubicaran, nos dieran una ayuda para volver a empezar. Pero ni una cosa ni otra. [5]

Viera los militares todo lo que hicieron, acabar de saquear las comunidades. ¿Cómo es posible que en vez de darnos la protección que nosotros necesitamos hagan eso, traerse nuestras cosas? Se están trayendo nuestras cosas, las tranvías esas grandes que tienen, las veían pasar llenas de tinacos, de plantas solares, de muebles, con las pertenencias de nosotros. [1]

Por una parte, el gobierno tenía la obligación de cuidarnos. Y nosotros también como personas, como comunidad, debimos habernos unido y no permitir que sucedieran esas cosas... no sé. Pero igual, también pienso, ¿qué podíamos hacer? Si denuncias, están coludidos, más tardas tú en hacer una denuncia que ellos en llegar a reclamarte porque denunciaste. También pienso, no se podía hacerle frente a esas personas y estar viviendo con miedo todo el tiempo, esperando que en la noche te lleguen a matar a ti o a tus familiares. Tampoco es posible. [5]

Antes no tenía otro pensamiento más que regresar, ahora ya no. Yo veo muy difícil el regreso mientras estén así las cosas. Cuando nos vinimos de allá teníamos toda la fe en el ejército, en el gobierno, ahora ya sabemos que no contamos con nada de eso. Si volviéramos, ¿a qué volveríamos, a que nos pase lo mismo? Si logramos salir con vida. Yo llevarme a mis hijos a peligrar, no. Ya no. [1]

VI. Desplazadas y defensoras

Ser madre y mirar cómo sufrían muchos niños, muchas mujeres, mirar que eran niñas que tenían 13, 14 años, que ya eran madres de dos o tres niños y no sabían qué hacer ni con sus hijos, que no sabían ni hablar o pedir una cita médica, exigir que a sus niños se les diera una cartilla. Cosas así fueron las que me empujaron... muchas veces me puse en el lugar de esas madres que no hallaban qué o por dónde. Y el miedo, la tristeza, la angustia de haber perdido a sus parejas, a sus papás, porque muchas perdieron hermanos, esposo. Y verlas cómo se formaban, cómo aun sin saber ni leer ni escribir trataban de salir adelante. La fortaleza que ellas tienen es en lo que yo pienso... [2]

Cuenta uno más con las mujeres que con los hombres, son más participativas las mujeres. De la mayoría de las familias desplazadas son las mujeres las que han sacado la casa, las que trabajan. Ahora sí se invirtieron los papeles, los hombres se quedan en la casa haciendo el quehacer y las mujeres trabajan. Y cuando no hay trabajo en el campo para los hombres, las mujeres somos las que sacan adelante. En las diligencias que yo he pedido que me acompañen, ningún hombre… bueno sí, algunos, dos, pero la mayoría mujeres. En el estado las mujeres son las que hacen más ruido que los hombres. No es porque no tengamos miedo a que nos maten, porque ya no hay respeto por nadie, es porque a nosotras como madres nos duele más todo, todo. [1]

Hacíamos reuniones con las personas, tratábamos de organizarnos para hacer actividades, hicimos muchas gestiones en el gobierno: escritos, entrevistas, para que nos ayudaran, para que se dieran cuenta del problema y nos ayudaran a ayudar a esas personas. No con la finalidad de buscar nuestro bien personal, ¡claro que también tenemos la necesidad!, pero ayudar a tantas familias que perdieron todo igual que nosotros. [5]

Me pusieron una lona en el carro, me pusieron "soplona". Ahí los grupos armados piensan que yo estoy con el gobierno, que yo le paso información al gobierno para que ellos caigan. Nada de eso es verdad pero ¿cómo los buscas?, ¿cómo les dices "estoy haciendo esto"? Porque el gobierno nunca ha querido dar un reconocimiento. Yo pienso que si el gobierno diera un reconocimiento del desplazamiento y nos reconociera como defensoras, tendría un poquito de tranquilidad porque los grupos armados dirían "bueno, ellas hacen esto". De otra manera ¿cómo les haces llegar la información? [2]

Se te acaban las fuerzas, te desanimas y a veces te entra coraje. Son emociones encontradas, a veces no te quieres parar, a veces dices: "Tengo que sacar fuerzas, tengo que luchar por estar bien y por demostrarle al mundo que esto puede cambiar", y es por lo que te paras todos los días. [2]

VII. Lo aprendido

He aprendido muchas cosas. En ese tiempo nosotros no sabíamos ni siquiera cuáles eran nuestros derechos, no sabíamos que teníamos derecho a que el gobierno protegiera nuestras propiedades, por eso nunca lo exigimos. He aprendido que no se cuenta con el gobierno. He aprendido también a ser más valiente, ¡¿será porque ya no puedo sentir más miedo del que sentí entonces?! Pero ya no vivo con el miedo, no sé si será resignación o qué será, pero ya no es miedo. Yo no dormía esperando a que llegaran a matarnos o algo, por lo que andábamos haciendo, pero ahora no. Ya no. Ya estoy tranquila. [1]

Yo cuando recién llegué aquí quería estar siempre oculta, lo menos que me pudieran mirar. Ahora ya he aprendido un poquito a volver a salir, protegiéndome, pero tratar de volver a hacer mi vida, que yo sé que ya no va a ser lo mismo, pero estoy tratando de volver a salir adelante. [2]

Aprendí a ser más humana, a mirar la vida diferente; a tenerle amor a lo que en realidad yo creo vale la pena; a amar mucho más a mi familia, disfrutarlos. Es una de las lecciones, valorar a las personas, el tiempo, valorar muchas cosas que, a veces por andar ocupado, se nos olvidan. [2]

El borrar y volver a tratar de sobrellevar y vivir el día a día es una de las cosas que he aprendido. Vivir el momento, vivir hoy, ahorita, porque esto me ha enseñado que en cualquier momento te pueden quitar la vida y ya no estar. [2]

El desplazamiento te desintegra como familia y como persona. Te hace pedacitos... Yo siempre he dicho, las mujeres somos las que somos más fuertes. Muchas de las mujeres a lo mejor están hechas pedazos pero diario se arman, al igual que yo lo he hecho, para salir adelante. [2]

* * *

Estos testimonios son las voces entrelazadas de cinco mexicanas desplazadas internas por la violencia. Todas ellas huyeron y dejaron su casa para proteger sus vidas y las de sus familiares. Algunas son reconocidas activistas; otras prefieren el anonimato. Viven bajo amenazas o con temor, por ello se omitieron nombres y otros datos referenciales.

La violencia en México dejó, entre 2011 y 2016, al menos 287 mil personas desplazadas internas, suficientes, por ejemplo, para ocupar 3.5 veces un estadio de futbol, de acuerdo con el monitoreo de la investigadora Laura Rubio en el ITAM y la CMDPDH.[1] El gobierno federal considera que "si bien existe movilidad por causa de la violencia, ésta no es de carácter generalizado", de acuerdo con la Unidad de los Derechos Humanos de Segob en 2015.[2] Pero la ausencia de reconocimiento oficial del fenómeno ha provocado la desprotección y atención apropiada para los afectados.

---

[1] Laura Rubio Díaz Leal y Brenda Pérez Vázquez, "Desplazados por la violencia. La tragedia invisible", *Nexos*, 1 de enero de 2016. Disponible en: <https://www.nexos.com.mx/?p=27278#ftn24>.

[2] Comisión Nacional de los Derechos Humanos, "Informe especial sobre desplazamiento forzado interno (DFI) en México", mayo de 2016. Disponible en: <http://www.senado.gob.mx/comisiones/derechos_humanos/docs/CNDH_Informe.pdf>.

Confiar.
Poder andar otra vez tranquila. Dormir tranquila, divertirte, ver la vida con el brillo de antes. Creer que las personas no son malas ni quieren hacerte daño. Volver a creer.

Dos mil días robados

Por Paula Mónaco

El calor agobia. Son casi las 11 de la mañana y Denise y Korina siguen en pijama. Están acostadas viendo la tele, apenas con un pantalón y camiseta ligera. Escuchan voces que se confunden con el ruido que sale de la pantalla.

—¿Qué pasa? —pregunta Denise.

—No sé, creo que es al lado —responde Korina sin mucho interés y camina al baño. Desde allá oye un ruido más fuerte, cercano, y regresa al cuarto para acostarse otra vez junto a Denise. Un instante más tarde hay más de 10 hombres rodeándolas.

Entraron en tropel, a gritos y apuntándoles con armas largas. Llevan el rostro cubierto, uniformes camuflados y un chaleco oscuro que en el pecho dice "Marina".

—¿Qué pasa? ¿Qué pasa? —pregunta Korina.

—¡No te hagas pendeja, hija de tu puta madre! —le responden mientras las jalonean sacándolas de la cama.

Estaban acostadas, en el letargo del despertar. Es 27 de agosto de 2011 y llevan unos pocos días en Villahermosa, esta ciudad ajena. Su noviazgo naufragó en su tierra, en el estado de Veracruz, y migraron para rehacer la relación. Dejaron el trabajo que tenían ambas para intentar montar un bar propio en sociedad con un amigo que reside en Tabasco. Se mudaron para estar juntas y para ya no ser empleadas, para ser las dueñas; para salir a flote juntas. Korina llegó primero y consiguió un departamento semivacío con una cama, una televisión y maletas en el piso. No hay más porque tampoco les alcanzaría para pagarlo. Denise llegó hace apenas un día.

Ahora Korina está tirada en el piso y la patean.

—¿Dónde están las armas? ¿Dónde están las drogas?

—¿De qué me está hablando?

—No te hagas pendeja, hija de tu puta madre —le gritan mientras la cachetean con la mano abierta.

—¡No sé de qué me está hablando! Yo vengo llegando a este departamento. Revise, ahí están mis papeles —y señala la maleta.

—No hables —y siguen cacheteándola.

Otro marino hace lo mismo con Denise. La empuja hacia la cama, se tira encima de ella y le pega. Abre una herida en su boca, brota sangre y más golpes le da, más le jalonea el cabello, como si el olor de la sangre le enardeciera algún instinto violento. Ella siente golpes en todo el cuerpo, uno tras otro, la azotan con objetos que no logra identificar.

A Korina la arrastran hacia la sala, ocupan cada metro del departamento.

—Vas a hablar, hija de tu puta madre —grita una voz.

Trata de cubrirse.

—¡Yo no tengo nada que decir! —grita, intenta pelear contra esos hombres—. ¡Vengo llegando y ella es mi novia!

El tiempo se detiene en un instante de silencio.

Es mi novia, parece que las palabras retumbaran.

Es mi novia, la frase desata una furia mayor.

—¡Y encima de todo, machorra, hija de tu puta madre! —responde el marino y la patea mientras sigue insultándola—. ¡Perra! ¡Maldita machorra! Vas a ver, ahorita te vamos a enseñar lo que es la verga para que pruebes, maldita machorra.

En el jaloneo, Korina alcanza a ver que se llevan a Denise ensangrentada, maniatada y con los ojos vendados. Siente el frío del hierro en sus labios, un arma larga empujando para entrar en su boca.

Es alta y corpulenta, su físico impone. Reacciona, manotea y empuja el arma con todas sus fuerzas, hace trastabillar al militar. Enojado, vuelve a patearla y avienta todo el peso de su cuerpo sobre el abdomen de Korina, ella pierde el conocimiento.

A Denise la llevan por las escaleras. Uno de los marinos le toca violentamente sus genitales. La jalonea para que avance y le pellizca fuerte sus pezones y sus pechos bajo una delgada blusa de tirantes.

—¡Cállate, perra! —y le mete la mano en la vagina—. ¡Cállate! —y le mete la mano en el ano.

La sacude, la empuja escaleras abajo. Son dos quienes la llevan con el pescuezo doblado y la avientan a la parte trasera de una camioneta. Cae encima del cuerpo de un hombre. Sin poder moverse, alcanza a verlo boca abajo, con cortes en sus brazos. No sabe si está vivo o muerto.

Un brazo fuerte la somete y una mano se introduce por su vagina. No es una mano normal, lleva un guante o algo rasposo que duele y arde mientras se mueve dentro suyo. La mano-objeto lastima su cuerpo sin pausa. Ella llora.

—Ahorita van a subir mis compañeros. Ojalá y digas esto que te pasó, ojalá. No sabes mis mañas, yo te voy a matar, no te voy a dejar que me descubras. Ojalá y digas, te va a ir peor.

Denise llora dentro de la camioneta estacionada; él sigue violándola con su mano rasposa.

En el departamento, Korina recupera la conciencia y recibe más golpes. La sangre escurre desde su nariz.

—Ya vamos a dejarlas, güey. Ellas no son —dice uno bajando el tono de voz.

—Chinguen a su madre, ya les pegamos y nos van a demandar. Que chinguen a su madre las machorras estas.

También bajan a Korina por las escaleras, también la empujan hacia la cajuela de una camioneta. Con el rostro tapado y las manos atadas delante, roza la pierna de Denise.

—¿Eres tú? —susurra su novia.

—No hables —le responde Korina en voz baja—. ¿Qué pasó? ¿Qué te pasa?

—Me están tocando —dice Denise y llora.

—¡Déjenla! ¡No le hagan nada!

—¡Cállate, hija de tu perra madre, porque a ti te va a ir peor! —un hombre jala sus pechos y los saca del top para apretarle los pezones y pellizcarla—. Ahorita te vamos a enseñar lo que es bueno, hija de tu puta madre, machorra. A ésas les va más bien, a las machorras. ¿Y a ti no te da asco estar con ésta?

—¡Suélteme! —Korina se mueve para tratar de evadir al hombre. Pelea, no pueden someterla con facilidad, pero hincada y maniatada resiste poco.

El tipo la detiene y mete la mano rasposa dentro de su vagina. Ella grita. Él mueve la mano violentamente, desgarrándola.

—¡Hazte para acá!

—¡Ya, por favor! ¡Me duele mucho! —ella llora y él mueve su mano con más fuerza.

La camioneta avanza, siguen violándolas de camino a algún lugar. La camioneta es grande. Escuchan a varios hombres, hay quienes observan y otros platican como si nada ocurriera a su alrededor. Bromean y dicen que irán por más gente, que ellas ya saben.

* * *

Yo no soy a quien buscan: muchas veces intentas explicar la confusión, pero las palabras ya no sirven, no bastan. ¿Para qué explicar? ¿Entenderían? ¿Les importaría?

Las voces suenan iguales, los sentidos se trastocan: ¿es el mismo tipo o es otro? Da igual, todos están encima.

Se acabaron los santos para encomendarse. La mano rasposa rasga tu cuerpo y algo empieza a salir para siempre. Es sangre y es más. "Tu cuerpo es mío", dicen ellos. "Tu cuerpo de pinche machorra es mi juguete."

Te quedan tus lágrimas.

* * *

La camioneta se detiene. Las bajan en un lugar que parece ser una casa, no hay certeza porque llevan los ojos tapados. Por debajo de la venda, Denise alcanza a ver el piso: azulejos con agua podrida, agua sucia de sangre descompuesta, choquilla.

—Por favor, quiero ir al baño. Me arde mucho, me duele, me estoy orinando —pide Korina al hombre que está junto a ella.

—Te voy a llevar. Te voy a desamarrar las manos y te voy a quitar la venda para que descanses un ratito, china —responde él con tono amable.

—Me violaron, me lastimaron —le cuenta en el instante de paz pero él no responde.

La libera de sus ataduras para que pueda orinar y entonces ella ve sus piernas empapadas de sangre. Hay manchas rojas, violáceas, rosadas. Sangre seca, sangre húmeda, sangre en distintos colores: son las marcas del guante rasposo, ¿o son los golpes?

Pasan un rato en ese lugar hasta que las sacan y las suben otra vez a una camioneta. Tiemblan de sólo pensar en el trayecto, en el guante y las violaciones, pero esta vez no las tocan. Pasan minutos ¿o tal vez una hora? No lo saben, pierden la noción del tiempo.

Llegan a un lugar que huele igual: agua y sangre podridas. Hay muchas personas, se escuchan muchas voces entre gritos y llantos. En sus pasos a ciegas tropiezan con personas tiradas en el piso. En ese hoyo de quién sabe dónde hay voces que suplican.

—¡Ya mátenme! ¡Ya mátenme por favor! —escuchan a su alrededor. Son voces que provienen de varias personas que no conocen, personas que no pueden aguantar un minuto más, personas que ya no son quienes eran.

* * *

¿O ese cuerpo sigues siendo tú?, ¿después de la humillación, de la sangre, de los golpes? No eres nadie, no eres nada.

¿Podrías vivir después de esto? ¿Querrías hacerlo?

"Ya mátenme", gritan otros y ellas también lo piensan. No soportan más: les urge morir.

Morir en el país de las torturas y de los torturados.

* * *

En el cuarto siguen los gritos y se mezclan con ruido de golpes. No saben dónde están ni pueden verlo, pero escuchan que es "un lugar de ellos", los marinos. Escuchan también frases como "Ahí viene el comandante para que le ofrezcan más dinero".

Denise es ahora quien pide permiso para ir al baño y aunque se lo niegan, suplica hasta lograr la autorización.

—Hazle como puedas —le dice un militar y la empuja a un rincón sin quitarle venda ni amarre.

Contorsionándose un poco, ella baja la delgada pijama de algodón, que ya no es blanca sino marrón, y el estampado de flores rosas se confunde con las manchas de sangre seca y la que aún baja por su entrepierna. Después de orinar en el piso, él la arrincona.

—Tú estás bien bonita, tú te puedes buscar a un hombre que te haga algo bien. No has probado, ven que te voy a enseñar —y maniatada ella, la obliga a tocar su pene—. ¿A poco no te gusta esto? ¡Mira, te va a gustar más que tu novia!

—Créame que no. Toda mi vida me ha gustado la mujer, desde pequeña. Así nací y hasta la fecha me sigue gustando. No porque lo toque me va a gustar usted.

—¡Pinche perra hija de la chingada! Vas a ver que al rato te va a gustar porque te va a gustar.

Las separan, las llevan a lugares diferentes. Korina sigue vendada, ahora maniatada hacia atrás, en un cuarto pequeño con varios hombres.

—Está bonita la china, pero es machorra la hija de su puta madre. Vamos a enseñarle lo que es bueno.

Levantan su top y le colocan algo metálico sobre sus pezones. Es una chicharra para darle descargas eléctricas.

—Ya te cargó tu puta madre —le dicen y vienen más toques, ahora en sus nalgas. Siente que le arrancan la carne a pedazos.

—¿Vas a hablar o no? Ya te cargó tu puta madre —siguen las descargas y ahora sus músculos arden. Siente que se expanden, que van a reventarle la piel.

—Dale, dale, hasta que no hable no pares —dice uno al otro—. La tienes que cansar, la tienes que torturar, dale.

Ella le habla a dios. Le dice "Ay, dios mío". Le habla a todos los santos que conoce, ya no sabe a cuál más encomendarse. Los hombres son muchas voces: "A esta machorra le vamos a meter los toques por el culo y la vamos a coger por el culo para que aprenda"; "Mátala a la hija de su puta madre tortillera".

* * *

Te costó mucho llegar a aceptar públicamente tu preferencia sexual. No decías mucho en tu familia. Era un secreto a voces en el pueblo pero diste el paso de ser quien quieres ser. Y llegó esto.

¿Les harán lo mismo que a ti a otras mujeres que no son lesbianas?

¿Y a los hombres? ¿Violarán a los hombres? ¿Los violarán si son homosexuales, los violarán si no lo son?

* * *

Una bolsa cubre la cabeza de Korina. Se ahoga y quiere respirar pero nada sirve: si no jala aire no respira y si jala el plástico se pega al rostro. No puede respirar ni sabe qué hacer. Se rinde, se deja ir, ya no tiene energía para forcejear. ¿Se habrá desmayado? Vuelve en sí cuando siente que varios la levantan. Sus pies descalzos están por encima del piso, colgando.

—Se está ahogando, güey —escucha lejano—. ¡Ábrele un hoyo!

Ahuecan la bolsa, respira y enseguida le cubren la cabeza con cinta. Aprietan ojos, boca y cuello. Korina siente que su corazón late demasiado fuerte, ahora es el corazón el que parece reventarle el cuerpo. Y vuelve a hablarle a su dios: le dice que ya no puede, que se va a morir. Quiere morirse ahora, en este instante. Quiere que la maten, que la maten rápido.

La avientan dentro de un recipiente con agua. La sumergen y vuelve la electricidad, expandida en cada gota de agua. Su cuerpo se sacude sin control dentro de un caldo ardiente. Voltean el recipiente y la empujan al piso empapado para seguir ahí con electricidad.

"Machorra", "perra", los insultos suenan lejanos mientras su corazón brinca cada vez más fuerte: está cerca del límite y los torturadores lo advierten. Dejan que se recupere: la quieren viva para seguir destruyéndola.

Vuelven a cargarla contra la pared y le meten una pierna entre las suyas. Sin control, se orina sobre el marino que responde tirándola al suelo.

—¡Bájate el cierre, güey! ¡Bájatelo para que te la mame esta hija de su puta madre! —ordena uno.

Es un coro de voces: "¿Cómo es que no te gustan los hombres?" "¿Lo vas a hacer tú o lo hago yo?" "Sobres", y aprieta sus labios cuando un militar le pone su pene sobre la boca: "¡Ándale, hija de tu puta madre, chúpamela para que sepas lo que es bueno!"

Intentan destrabarle la quijada pero ella sigue con la boca cerrada.

—N'hombre, no te la quiere mamar. Vas a ver ahorita.

La levantan, la ponen otra vez contra la pared, y siente un objeto presionándole un dedo de la mano. Amenazan con "tumbarle el dedo" si no habla.

—¡Qué quiere que le diga! ¡Yo no sé nada! Mis documentos ya los tienen, yo no soy nadie ni trabajo para nadie, yo nada más estaba con mi pareja —responde resignada.

—¿Entonces estabas en un puto mal lugar o qué, pendeja?

Después de torturarla, la llevan con una enfermera. Intenta contarle todo lo que le hicieron, pero la mujer la interrumpe: "¡Cállate, pendeja! Te has de haber lastimado cuando te aventaron a la camioneta. No digas esas pendejadas de que te violaron porque aquí no se hace eso. Yo trabajo aquí y te puedo decir que a eso no le hacemos".

A Denise también la torturan con electricidad, bolsas de plástico, golpes e insultos. La llevan con la misma enfermera que se burla cuando trata de acusar a los marinos y los defiende: "Son mis amigos y son buenas personas".

* * *

A la mano rasposa le crecen tentáculos. Se mete por todo tu cuerpo y te destroza.

Se hace suave y te acaricia: "Tú estás muy bonita, tú te puedes buscar a un hombre que te haga algo bien".

Se hace corriente eléctrica y se justifica: "Te voy a enseñar lo que es bueno".

Ahí va tu cuerpo solo. Tu cuerpo desmembrándose, saliéndose, estallando. Tu cuerpo ya no eres tú.

"Machorra, perra, pinche puta lesbiana."

No hay frase sin insulto, sin esos insultos. Te desprecian por ser mujer pero más por ser lesbiana. Eres como un desafío, una competencia infame: todos ellos quieren ganarte, convertirte. ¿Te odian o te quieren de trofeo?

"Créame. Toda mi vida me ha gustado la mujer, desde pequeña"; tus palabras que intentan explicar azuzan la furia. Arden de coraje, ¿cómo te atreves a rechazarlos a ellos, oficiales de la patria, buenos vecinos, padres de familia?

La tortura no es la muerte pero tampoco es la vida; estar siendo torturado es una compleja forma de estar vivo, dice la psicóloga Ana Deutsch. Y contigo lograron el objetivo: ya no quieres ser tú, ya no eres la misma, destruyeron a la muchacha que eras. En este momento empieza una nueva vida, ¿será que se llame así? Empieza tu vida sin sueño, sin calma, sin ganas de nada. Empieza un tiempo de depresiones y sinsentido. Noches de insomnio, días que parecen noches. Años de sentirte sucia, cuando bañarte no alcance porque siempre la marca estará ahí. Tiempos de lastimarte porque ya no sabes cómo salir de éste, tu nuevo ser, tan distinto a ti.

* * *

Denise y Korina no saben qué día ni qué hora es pero ya pasaron más de un día cautivas. No les permiten estar juntas. Las llevan de un cuarto a otro, nuevos escenarios de torturas. Son cuartos pequeños y ellas tiemblan con los cambios de guardia porque cada marino trae sus propias perversiones. Llegan a cachetadas, las insultan y prometen enseñarles "lo que es bueno": desde meterles un palo en el culo hasta otros métodos para "corregirlas", para que ya no sean lesbianas.

Un marino patea a Denise:

—¿Tú qué? ¿Con quién vienes?

—Con mi novia —ella responde y el tipo se enciende.

—Ahorita vengo y te doy una calentadita.

Otro acaricia el cabello de Korina y le habla suave: "¿Cómo estás? ¿Cómo te sientes? ¿Quieres agua? Morena, yo no te voy a hacer daño, lo que quieras te lo voy a dar. En mi guardia yo te voy a cuidar".

Llega uno a quien llaman *Teniente* y ella le ruega por agua, hincada en el piso, en la postura que la obligan a mantener durante horas.

—Ahorita te voy a dar de tragar —responde él y sobre sus manos avienta una tortilla con algo que parecen frijoles— ¡Cómetelo!

—No voy a comer. Si quiere que coma, suélteme.

—¡Se te está cayendo, mierda! —y la empuja. Pisa su cabeza, le impide levantarse, la obliga a lamer el suelo, ese suelo hediondo.

—Por favor, regáleme un vaso de agua —pide ella cuando la deja moverse. El hombre le trae un bote con líquido caliente, es orina.

Un día que ya no saben cuál es, las suben otra vez a la camioneta. "Están bien pendejas de trabajar para Los Zetas, el Golfo paga mejor", les dicen. "Pinches machorras, ahora las vamos a entregar con el Golfo."

Al bajar, sus pies descalzos sienten fresco, suave. Es pasto húmedo. Algo se recompone en ellas sólo de sentir la tierra, la humedad, el pasto bajo sus pies. Les quitan vendas, pero casi no pueden ver, la luz es demasiada después de tanto tiempo con trapos apretándoles los ojos. No pueden ver esa luz porque sus ojos están infectados. Tampoco pueden mover la cabeza. "No se les ocurra voltear, pinches machorras." Hay militares encapuchados, ellos toman fotos y graban con cámaras de video.

Korina, con ropa sucia que no es suya, y Denis, con su pijama ensangrentada, están debajo de una palapa que parece casa abandonada. Paradas en hilera junto a 10 hombres y una mujer a quienes no conocen, a quienes nunca antes habían visto. Delante hay una mesa con armas y paquetes.

Los marinos registran la puesta en escena que luego se transmitirá en boletines oficiales y las noticias hablarán de la captura de peligrosos narcotraficantes. Lo dirán en su comunicado de prensa 279/2011, publicado el 8 de septiembre de 2011, dos semanas después de que Denis y Korina fueron secuestradas de su casa en Tabasco. En ese comunicado, Secretaría de Marina Armada dirá que dio un gran golpe al cártel de Los Zetas, acción que "deriva de un intenso trabajo de inteligencia naval realizado desde hace varios meses". Dirá también que las acciones "forman parte de los logros de la Armada de México en contra de la delincuencia organizada, encaminadas a fortalecer el Estado de Derecho en nuestro país y en solidaridad con el pueblo veracruzano" (sic).

La Marina mexicana enviará a la prensa una lista con los nombres de los 80 detenidos. Incluirá a "Corina de J. Utrera Domínguez" (sic) y "Denis Blanco Lobato", detenidas bajo sospecha de ser "jefe de plaza de diferentes delitos en Villahermosa, Tabasco". Dirá que eran parte de uno de los cárteles más sanguinarios que han existido en México y que eran jefas en esa ciudad que apenas conocían.

Después de la palapa las llevan a las oficinas de la Procuraduría General de la República (PGR) en Veracruz y antes de entregarlas las amenazan: "Las vamos a estar cuidando". Ellas tienen la ropa ensangrentada, pero ningún burócrata se asombra; nadie les pregunta por su cuerpo amoratado, los ojos infectados y la sangre seca que se mezcla con manchas frescas de heridas abiertas.

Ellas piden hacer una llamada, no la autorizan. A Korina la dejan ir al baño acompañada por una perito. Aprovecha el instante para decirle que fueron violadas; hablan poco, pero aun así la funcionaria toma muestras.

Declaran con un marino haciendo guardia a su lado. Un burócrata les presenta una declaración y les pide reconocer sus firmas: recuerdan entonces que, en algún momento de tortura y con los ojos vendados, las obligaron a firmar papeles. Las hojas que están sobre el escritorio son una confesión de delitos graves. Después les muestran un arsenal y les dicen: "Son de ustedes, las traían ustedes".

Un rato más tarde estarán dentro de una cárcel —con otros 10 hombres y una mujer bajo la misma investigación PGR/VER/VER/IV/466/2011— la primera de tres prisiones donde pasarán cinco años encerradas.

* * *

Eras inocente pero te robaron casi 2 mil días de vida.

Ya estás afuera. Pensaste mucho en este momento. Pensaste que serías muy feliz, que reencontrarías a tu familia, que ya no tendrías miedo. Pero pasan dos meses y nada de eso llega: no eres feliz, no lo has sido plenamente ni un solo día.

Lloras. No comes a gusto, tampoco duermes bien. Pierdes tu nombre: por mucho tiempo te escondes en nombres falsos porque te da miedo decir el verdadero, los has denunciado y los marinos podrían regresar a buscarte.

Te sientes cautiva. No te atreves a salir sin tu papá o tu hermano porque la presencia de cualquier otro hombre te hace temblar. Sientes pavor de encontrarte sola frente a un hombre que no sean ellos dos. Al ver a cualquiera te brota un enojo arraigado, resentimiento.

El sentido de tu mundo se derrumbó, ¿quiénes son buenos y quiénes son malos?

No logras entender por qué te pasó esto pero de a poco dejas de preguntártelo, dejas de sentirte sucia y de pensar que no vales. Te sientes viva. "Sobreviví. Sigo sobreviviendo", lo repites para creerlo.

Tu familia sigue cerca y te sostiene. Te aferras, buscas un trabajo aunque no dure. Empiezas a vender ropa, también comida, lo que sea para seguir adelante. Vuelves a enamorarte. Disfrutas del río, de las tardes cuando refresca. Sonríes, a veces estás contenta.

Hay tiempos más difíciles. Los marinos andan rondando y a veces te siguen en tu pueblo, te hostigan. Dejas tus cosas encargadas. Dejas tu cama, tu mesa de noche y tu bicicleta, no hay más. Cargas tu ropa en bolsas y te vas a otro estado. Consigues un trabajo con buen sueldo pero se hace pesado, es una maquiladora y son jornadas de hasta 12 horas de pie. Cargas tu ropa y te vuelves a mudar. Buscas una nueva ciudad, un nuevo trabajo y fortalecer tu nueva relación. Quieres querer y ser querida, vas a intentarlo de nuevo.

Todavía lloras pero tus palabras alejan al infierno. Recuperas tu nombre y lo dices sin miedo. Concedes entrevistas, participas en foros sobre violencia, denuncias al Estado mexicano, que todos quienes te hicieron esto están libres, impunes.

Quieres que todas hablen.
Sales: quieres volver a confiar.
Estás peleando y llegarán más días felices.

* * *

Denise Blanco y Korina Utrera fueron acusadas por "delincuencia organizada, con finalidad de cometer delitos contra la salud y de cometer acopio de armas, en la modalidad de producción, en variante de preparar y acondicionar narcóticos". Estuvieron presas en las cárceles de Mexicali, Baja California; Tepic, Nayarit; y Coatlán del Río, Morelos, desde el 27 de agosto de 2011 al 17 de noviembre de 2016.

Fueron absueltas y salieron en libertad con ayuda y respaldo del Centro de Derechos Humanos Miguel Agustín Pro Juárez (Prodh), Amnistía Internacional (AI) y la Organización de las Naciones Unidas (ONU).

Un informe elaborado por Amnistía Internacional en 2016 muestra que de 100 mujeres arrestadas por policías y militares en México 97 sufrieron violencia física y 72 violencia sexual. La situación empeora si la fuerza involucrada es la Marina Armada: la cifra de violaciones sube 86 por ciento.

No hay datos precisos sobre cuántas personas han sido detenidas arbitrariamente, torturadas y obligadas a firmar confesiones autoinculpatorias como Denise y Korina, pero sí indicios preocupantes en el marco de la estrategia de seguridad y militarización que el gobierno mexicano ha llamado "guerra contra el narcotráfico". Entre diciembre de 2006 y enero de 2012, durante las operaciones realizadas por Policía Federal, Ejército y Marina Armada fueron arrestadas 623 mil 213 personas, según datos de la PGR publicados por el periódico *Excélsior* con información obtenida vía solicitud de transparencia.

La PGR admitió que sólo 0.89% del total de detenidos estaban "plenamente identificados" con alguna organización criminal o cártel del narcotráfico y que 80% ya se encontraba en libertad definitiva o provisional porque no se les pudieron acreditar responsabilidades penales graves. (*Excélsior*, 3/12/2012)

Más de medio millón de personas arrestadas en seis años y menos de 1% de ellas acusadas o sentenciadas con pruebas contundentes.

Abrazar.
Abrazar, y especialmente abrazar fuerte, es juntar corazón con corazón, dolor con dolor, fundirse en un mismo sentir. Más si es abrazar, rodear con los brazos del alma a otra compañera que sufre por su hijo al igual que yo.

(Definición de Martha González).

Cantos al amor desaparecido

Por José Ignacio De Alba

Canto 1: Rosario y el reloj detenido

Rosario Sayago le mintió al muchacho que le gustaba, le dijo que tenía 16 años y que no estaba enamorada de él. La primera mentira era necesaria; la segunda, un truco seductor. Juan Carlos Montero, de 18 años, quedó flechado por la joven, que en realidad tenía 13. Años después se reencontraron y se casaron. Ella ya tenía dos hijos y él había dejado una carrera militar en la Ciudad de México, donde trajinaba amores fugaces.

Rosario y su esposo vivieron en el municipio de La Antigua, una región azucarera cercana el puerto de Veracruz. El sitio está rodeado de ríos y vegetación espesa. El temperamento del clima depende del mar, que está a pocos kilómetros.

Montero era comandante de la policía municipal de Úrsulo Galván y completaba su sueldo haciendo trabajos como albañil y electricista. Rosario Sayago completaba el salario de su esposo vendiendo bolsas o cortando pelo. El comandante era un jefe apreciado por sus subalternos. Los hijos de Rosario lo adoptaron como papá. Hoy, los muchachos tienen 15 y 18 años.

El 11 de enero de 2013 Juan Carlos dejó en su casa un reloj de pulsera que Rosario le había comprado. Esa noche, él y otros siete policías salieron a hacer un patrullaje de rutina a una zona conocida como El Arenal y ya no volvieron.

Rosario acostumbraba llamarle por las noches pero esa vez él no respondió el celular. Extrañada, contactó a los familiares de los otros policías para decirles que algo no andaba bien. Ella lo intuía. En la comandancia, el operador de radio les dijo que no había respuesta en la frecuencia de la patrulla.

El reloj de Juan Carlos se quedó sin pila y sin cambios: hoy marca las 10:01, la misma hora todos los días, el tiempo detenido también para Rosario.

En Veracruz ya no era un secreto lo que les sucedió a los policías, lo que les sucedía a muchos de los desaparecidos. Incluso los compañeros de clase de sus hijos comentaban en la escuela las crueldades de los videos que veían o las historias que escuchaban en las calles.

Rosario no llora. Usa un cuidadoso maquillaje y unos inseparables lentes oscuros.

"A mis hijos les advertí que los iba a dejar más tiempo solos. Les tuve que hablar con la verdad porque de cualquier modo se iban a enterar y nadie se los iba a decir como yo se los dije —cuenta—. Al principio lo esperaron. Ahora saben que ya es un poco difícil que su papá vuelva, pero ellos en su corazón esperan. En sus oraciones piden a dios que su papá regrese… Por eso una se maquilla, para disimular".

Ahora Rosario divide su tiempo entre ganar dinero, buscar a su esposo y alentar a sus hijos cada vez que juegan partidos de futbol. Su hijo menor le dice que quiere ser policía, como su papá. Su madre lo aconseja entre caricias y sonrisas: "No, amor, yo no quiero que seas eso".

Canto 2: Marisela y las cartas

Marisela ya tenía nietos cuando un flechazo la agarró desprevenida. Un periódico organizó un juego de amores para que sus lectores probaran suerte intercambiándose cartas anónimas. La carta de Aureliano Sánchez, celador de un reclusorio en Perote, Veracruz, terminó en manos de Marisela. Después llegaron las esperas por el cartero de la Ciudad de México que traía en sobres los acrósticos que ingeniaba su enamorada.

En 1994, Aureliano hizo su movida final:

No soy casado por ninguna ley ni religión, creo en dios y soy católico y pienso casarme contigo si tú así lo deseas. Ya me está esperando el cartero como siempre.

Después, su pretendiente atendió su obligación de buen yerno y pidió la mano de Marisela. Sin importar que ella fuera 15 años mayor, escribió al padre:

Aprovecho este conducto para expresarle mi deseo de casarme con su hija. Tengo 40 años, nunca me he casado y creo que ya es tiempo. Sé que es algo difícil de creer, ya que me encuentro en este lugar comprendo que usted se encuentra un tanto preocupado; yo también soy padre de dos hembras que ya son madres y sé lo que se siente, pero quiero que sepa que con su hija sólo existe la firme decisión de casarme con ella y hacerla feliz.

El padre de Marisela rechazó la petición. Las cartas del enamorado, de cuidadosa letra cursiva llena de errores ortográficos, no lo convencieron de aceptar que su hija se fuera a vivir "con un policía de rancho".

La mujer se largó de su casa, advertida: "Si te vas, olvídate de nosotros". Ella, de 55 años, se marchó con un amor de 40, como una adolescente en fuga. Y se olvidó.

Se casaron en mayo de 1996. "Mi esposo era un gran ser humano. Era el compañero con el que yo quería pasar el resto de mi vida", dice Marisela, mientras muestra fotos, cartas y recortes de periódicos en los cuales aparece él en reuniones con amigos o en un célebre rescate donde participó.

En una de las paredes de la casa cuelgan los reconocimientos empolvados que el municipio de Úrsulo Galván dio a Aureliano por su labor como policía. Era un trabajo que a Marisela no siempre le daba serenidad.

"Al principio no quería que vinieran sus amigos a la casa porque no quería aquí el ambiente de policía. Hasta que de a poco los conocí y vi que no eran malos. Llegaban a veces después de trabajar y él les hacía unas 'picaditas' con masa de maíz para cenar, tomaban unas cervezas y se iban a sus casas [...] Mi esposo amaba su trabajo. Otros quizás estaban ahí porque necesitaban dinero, pero él no, él amaba ser policía, tenía 29 años ahí y yo tenía que respetar eso. Cuando llegaba a la casa se quitaba el uniforme y me decía que no quería hablar del trabajo. Decía que éste era su oasis."

Todo estuvo bien hasta que, en 2007, el presidente Felipe Calderón lanzó a la guerra a policías y militares, con la fallida intención de enfrentar a los grupos criminales y, en poco tiempo, Veracruz se convirtió en un campo de batalla entre Zetas, el Cártel de Jalisco (entonces se autonombraban "Matazetas"), marinos y policías estatales y municipales. Miles de personas fueron desaparecidas. El bullanguero puerto se llenó de huérfanos, viudas y amores desterrados.

El 11 de enero de 2013 Aureliano debía salir franco pero aceptó cubrir a un compañero en su turno. Entonces montó la patrulla con otros siete policías: Agustín Rivera Bonastre, Juan Carlos Montero Parra, Samuel Montiel Perdomo, Alejandro Báez Hernández, Javier Arauz Molina, Guillermo Torres Perdomo y Luis Alberto Valenzuela.

Ese día los policías desparecieron con todo y patrulla.

Al principio, la desaparición de los policías ocupó los titulares de los medios: "¡Que regresen!", "No aparecen polis", "Se compromete PGR a esclarecer desapariciones".

Pero con el tiempo dejaron de ocuparse y hoy los diarios cubren nuevas desapariciones, nuevas masacres y nuevas formas de la violencia que llegó como una marejada y sigue asolando la región.

De los 29 años de servicio de Aureliano no queda ni un centavo. El municipio sólo dio a las esposas de los policías el sueldo del último mes de trabajo. Marisela consiguió un empleo cuidando a una anciana, pero tuvo que dejar el trabajo al mudarse, pues su presencia atemorizó a otros inquilinos.

"La casa donde rentaba me la quitaron por ser la esposa de un policía desaparecido", cuenta en el sitio donde reconstruyó su hogar.

También se deshizo de la ropa y de las cosas de Aureliano "para sanar un poquito el ambiente que había en casa".

Lo único que atesora, como una enamorada clandestina, son las cartas y fotografías de su esposo. Con dedicación, resguarda de la humedad los dulzones poemas, mientras el amarillento papel sufre el embate del tiempo y combate la mala memoria con una compilación de recortes que narran la desaparición de los ocho policías de Úrsulo Galván. El amor y la tragedia comparten la misma caja sobre el librero de su casa.

"No dejar perder su recuerdo es mantener el vínculo vivo", dice la mujer, que en bolsas con talco conserva las fotos y cartas a salvo de los insectos del trópico que devoran el papel.

Canto 3: Obdulia y los gatos

Los primeros días de la desaparición de los policías, sus familias durmieron frente a la presidencia municipal del pueblo con la esperanza de verlos llegar o, al menos, tener alguna noticia. Después, sólo las mujeres quedaron a la espera.

La guardia se montó durante un mes. En esos días, descubrieron que ninguna autoridad buscaba a los policías. La única denuncia que presentó el presidente municipal fue por el robo de las armas y de la patrulla. No por sus agentes.

Un par de semanas más tarde Obdulia Casas, esposa de Samuel Montiel Perdomo, ofreció su casa para que las otras mujeres pudieran comer y esperar en un lugar que no fuera la banqueta de la calle. El argüende de Obdulia, sus gatos montunos y la casa entre cañaverales airada por la brisa costeña le dio a la espera un sosiego a veces dulce.

Entre comida y comida, entre esperas y pláticas, llantos y confidencias, las mujeres tejieron una amistad que les ayudaría a enfrentar la incertidumbre. Allí planearon hacer tamales de pollo para vender y solventar los gastos de su búsqueda, también pidieron dinero en la calle.

Reunidas confabularon investigar por su cuenta lo que había sucedido. Algunas de ellas siguieron el camino que hizo la patrulla antes de desaparecer. También estuvieron juntas en las oficinas de gobierno, conocieron a otros grupos de familiares de desaparecidos y asistieron a manifestaciones para reclamar justicia.

En la casa de Obdulia las mujeres compartieron las certidumbres que nadie les había dado. Cada una tenía un pedazo de historia y entre todas armaron una versión extraoficial, que es la mejor que se ha hecho sobre el caso. Ellas aseguraban, basadas en testimonios recuperados, que fue la policía estatal la que desapareció a sus familiares.

Años después, la Comisión Nacional de Derechos Humanos les dio la razón: en octubre de 2019 la institución emitió una recomendación al gobernador del estado de Veracruz por la desaparición forzada de los policías, que fue atribuida a agentes estatales.[1]

En esa región de Veracruz operó Marcos Conde, un jefe policiaco acusado de varias desapariciones forzadas y asesinatos durante la administración del exgobernador Javier Duarte (2010-2016). Conde y el ex secretario de seguridad pública del estado, Arturo Bermúdez, son señalados por su colusión con grupos criminales. Conde purga una larga condena en un penal de máxima seguridad por la desaparición forzada de cinco jóvenes en el sur del estado, mientras que Bermúdez pasó un breve periodo en la cárcel acusado de corrupción, pero salió libre tras pagar una fianza de un millón de pesos.

Seis años después de la desaparición de los ocho policías sus familiares aún temen represalias por buscarlos. La violencia en el estado bajó de intensidad pero las desapariciones y asesinatos siguen ocurriendo. Entre abril y octubre de 2019, un total de 13 personas fueron desaparecidas por policías municipales y estatales de la administración del gobernador Cuitláhuac García.[2] Por eso estas mujeres se mantienen juntas, en las búsquedas, en las entrevistas con la prensa y en actividades de la vida diaria, como ir al mercado.

Cuando están unidas el ánimo no decae, aunque se hable de los detalles del caso. Ninguna de las mujeres tiene una nueva pareja,

---

[1] https://piedepagina.mx/cndh-emite-recomendacion-por-desaparicion-de-8-policias-en-veracruz/

[2] https://www.eluniversal.com.mx/opinion/peniley-ramirez/los-13-desaparecidos-que-detuvo-la-policia-de-cuitlahuac-en-veracruz

aunque Obdulia, con su alegría de mulata, dice entre risas: "A una le sigue palpitando su corazoncito".

Obdulia se deshizo de la ropa, zapatos y objetos de su esposo. "Sentía feo cada vez que abría el clóset y veía sus cosas", dice.

La mujer sólo conserva los documentos de su pareja para seguir con la búsqueda. Para mantenerse y mantener a sus mininos vende longanizas y carne enchilada.

Canto 4: Martha y el cuarto

El cuarto de Luis Alberto Valenzuela está listo para cuando regrese de su larga ausencia. Su madre, Martha González, mantiene intacta la habitación: la cama de su muchacho está tendida; la ropa doblada en las cajoneras o colgada en ganchos; los zapatos en el clóset; el piso limpio y la colección de autos a escala en las repisas.

Luis se fue, pero su olor se quedó impregnado en las sábanas, en los zapatos, en los cajones. Su cuarto desprendía un aroma que tumba de tristeza a su madre. En los primeros meses de su ausencia, ella optó por cerrar la recámara y colocó un trapo bajo la puerta para evitar el sobrecogedor olor a Luis. Hoy mitiga la tristeza con pastillas para la depresión, pero las píldoras para dormir ya no le provocan sueño, la vigilia se convirtió en su pesadilla. Para Martha esperar también es morir.

Luis Alberto era socorrista de la Cruz Roja y tenía planeado casarse en junio de 2013. Por eso optó por tener un ingreso extra —4 mil 800 pesos al mes— como policía municipal de Úrsulo Galván.

Apenas llevaba unos meses en el equipo que comandaba Juan Carlos Montero cuando los ocho agentes municipales fueron desaparecidos. Faltaban seis meses para su boda. Luis, de 25 años, no llegó a saber que su novia estaba embarazada.

Su hija tiene 6 años, el mismo tiempo que él lleva desaparecido. Paradójicamente, la espera en la casa de Martha ha estado llena de crayolas, rompecabezas y las andanzas de quien aprende a caminar y a conocer el mundo. A veces, movida por la curiosidad, la niña hurga en el cuarto de su padre.

Aunque la niña no conoce a su padre también siente una especie de ausencia: "Ya quiero que encuentres a mi papá, ya quiero conocerlo y que él me conozca", le dice a su abuela.

"Ella piensa que lo voy a encontrar vivo", confiesa Martha, quien cuida a su nieta cuando su nuera, que es enfermera, tiene guardia en el hospital. A veces la lleva a las diligencias y a los eternos papeleos de los investigadores. Ambas, abuela y nieta, duermen en el cuarto de Luis Alberto. Pusieron una cama junto a la de él, por si algún día el joven policía vuelve a su habitación. La niña a veces juega con los carritos de su padre y a Martha, aunque le gusta verla usar las cosas de su papá, le preocupa que los juguetes estén estropeados si él regresa.

Antes de la desaparición de su hijo Martha era un ama de casa que vivía en su "pequeño mundo", dedicada a sus hijos y a cosas "sencillas".

"Cuando desapareció Luis me enfrenté a cosas que jamás me imaginé, a cosas que no veía ni en las películas, porque en ninguna película he visto yo que vayan madres a rastrear, a escarbar y a sacar cuerpos de fosas clandestinas."

Se refiere al trabajo que hace con otras familiares de personas desaparecidas que están agrupadas en el Colectivo Solecito de Veracruz y que durante años han recorrido parajes utilizados como fosas clandestinas en el estado. Con varillas y palas cavan hoyos en la tierra para exhumar cuerpos mutilados o cadáveres.

Martha cuenta que, cuando comenzó estas búsquedas, los únicos tenis que tenía eran unos que le había regalado su hijo y al principio no quería usarlos, pero eran los más adecuados para esos terrenos. Así que la mujer gasta esos zapatos para buscar a Luis en los médanos de la costa.

Su tristeza se ha ido convirtiendo en enojo contra las autoridades. "Lo único que le interesa al gobierno es el dinero, lo único que cuidan es el dinero. Nuestro sufrimiento y dolor han aumentado, mientras el gobierno sigue igual con sus vidas, a lo mejor en el narcotráfico, en la delincuencia. Ellos tienen dinero y nosotros nada, ni familiares. Nosotros no tenemos dinero ni para las búsquedas", dice.

Martha divide su tiempo entre buscar a su hijo, cuidar a su nieta y vender frituras para sostener los gastos de la casa. Lamenta que durante todos estos años ha dejado sola a su hija Dania, quien tenía 15 años cuando su hermano desapareció. Martha piensa que cuando encuentre a Luis se va a ir de viaje con Dania. "Para relajarme en un lugar, para curarme, olvidarme de todo lo que pasó", cuenta.

Dice que le gustaría conocer Machu Picchu —un lugar que le remite "mucha paz" en las fotografías— y recorrer las montañas peruanas sólo con una mochila.

Canto 5: Los hijos y las armas

—¿El dolor de madre es más profundo que el de una pareja? —les pregunto a todas, sabiendo que es una duda compleja a la que ellas mismas se han enfrentado.

—La diferencia de un dolor y otro es que un hijo late en tu vientre, que lo cargas durante nueve meses. A un bebé tú le enseñas, le muestras el mundo. Es un pedazo de ti. Es una escultura que tú esculpes con los años. El vínculo de una madre y un hijo es inconmensurable, es algo que nadie ha logrado definir —asegura Martha.

—Pero ustedes también son parejas y siguen buscando a sus esposos...

—Es que no se llevaron a un animal, se llevaron a la persona que habíamos elegido para envejecer, con la que te enamoras. Se llevaron parte de nuestra vida, nos arrancaron parte de nosotras, tenemos que buscar esa parte que nos arrebataron... No podría no buscarlo —responde Rosario.

Las mujeres de Úrsulo Galván fueron cuidadosas de que sus niños no se enteraran por medio de otras personas de lo que les sucedió a sus padres. Sobre todo, de que no atendieran los rumores que los compañeros de escuela les decían: "les quitaron la cabeza", "los ejecutaron", "los cortaron con machete".

Pero la herida no deja de supurar. Aurora Montero, esposa del policía Agustín Rivera, cuenta que su hijo se puso las botas vaqueras de su padre para ir a una fiesta. El chico lucía como su papá. "Me dio pa' bajo verlo", dice.

Los policías llevan seis años desaparecidos, seis años de horribles dudas que incubaron en sus hijos un rencor acumulado.

El hijo de Aureliano Sánchez es un chico de un incipiente bigotillo y una cuadratura varonil que acompaña a su madre a las diligencias de búsqueda. Es noble, insiste Marisela, su madre, quien reconoce que "los niños no se resignaron a lo que pasó".

Tal vez por eso el muchacho, que ahora tiene 16 años, pretende alistarse en el ejército. Le pregunto por qué quiere ser militar y responde que le gustan las armas. "La ráfaga, el milímetro, desarmar, armar, y mejorar la puntería", dice con familiaridad.

Su madre optó guardar junto a sus cartas de amor las fotografías de Aureliano que adornaban la casa. "La herida sigue muy abierta entre los niños", insiste.

Como parte de las medidas de reparación que estableció la Comisión Nacional de Derechos Humanos en su recomendación, el gobierno de Veracruz ha ofrecido una disculpa pública por la desaparición forzada de los policías de Úrsulo Galván.

Los hijos de Rosario, de 15 y 18 años, no acudirán. "Están muy enojados", explica la madre. Cuenta que su hijo menor admiraba a su papá y gustaba de lustrar las botas de trabajo del comandante. Al poco tiempo de que se llevaron a los policías el chico se volvió a encontrar los botines y se quebró en llanto: "Mamá, ¿recuerdas que yo boleaba las botas de mi papá?"

Los muchachos guardan un rencor hacia los responsables de la desaparición de su papá. La madre optó por resguardar el reloj que marca las 10:01, las botas y las fotografías de Juan Carlos. Piensa que están urgidos de que haya justicia. "Quizá su pensamiento sea vengarse", admite.

Con fe cristiana, ella les explica que es probable que no llegue la justicia de los hombres, pero que en la justicia divina sí es posible que los perpetradores paguen sus actos ante dios. Pero ellos son reacios a confiar en la divinidad de la justicia.

Recientemente han mostrado interés por las carreras militares. Rosario piensa que el ejército es muy peligroso. "No quiero volver a vivir lo mismo", les dice.

—¿Crees que si hubiera habido justica los chicos pensarían estudiar otra cosa?

—Sí... creo que si ellos hubieran visto que los que le hicieron daño a su papá lo pagaron, de una u otra manera, estarían más tranquilos.

Hermanar.
Amar y reconocerme en la otra. Saber que yo muero en cada muerte violenta.
Saberme intrínsecamente vinculada. Saberme ella.

Despedir a una hermana

Por Lydiette Carrión

I. La peor muerte de todas

La madrugada del viernes 5 de agosto de 2016 una madre soltera regresó a su casa, en Ecatepec, después de trabajar todo el día. Encontró a sus hijos Karen, de 17 años, y Erik, de 12, asesinados. Karen además fue violada. Para 2017 no había detenidos. En el CCH Vallejo, donde Karen estaba por iniciar su último año, se realizaron varias manifestaciones contra el feminicidio, y ahí su amiga Ari (no es su verdadero nombre) también la recuerda. En enero de 2017, entre los pasillos del CCH Vallejo la encontramos: morena clara, cabello oscuro, muy grueso y brillante. Piernas muy largas, como de niña. Lentes. Alrededor transcurre una jornada normal: estudiantes caminando, asistiendo a clases, jugando baloncesto. Algunas pintas o carteles interrumpen la cotidianidad: en recuerdo a Karen, en protesta por los feminicidios. En contra de la violencia de género. Ari habla del día que corrieron a Karen de un trabajo.

Ari, 17 años:

> Karen, su familia. Me acuerdo que estaban mal económicamente y me acuerdo que a los 16 años ya no te dejan ser *cerillito* [empaquetar compras en un centro comercial]. No sé por qué, pero ya no te dejan. Eso la dejó muy triste. Dijo: "No, pues me corrieron en vísperas del cumpleaños de mi hermano". Agarré y le dije: "Mete tu beca [del

programa Prepa Sí] y ya" y le di mi dirección del DF. Éramos esa clase de amigas. Ella era mi mejor amiga.

Su vida era su hermano, su mamá, su familia… Me acuerdo que lo primero que compró con su beca fue el pastel para su hermano. Otras personas usan ese dinero para ropa, fumar. Pero ella se lo daba a su mamá. Era una niña buena. Platicando con amigas que tenemos en común, nos sentimos vulnerables. No somos malas, simplemente le pasó eso porque sí, ¿o por qué?

Antes de lo de Karen me arreglaba mucho, "soy joven, me gustan los vestidos, me gusta usar shorts, esas cosas, faldas". Y a raíz de esto me da como miedo. Siento que voy a atraer gente mala.

Saber a tu amiga muerta en tiempos virtuales

Yo me enteré por medio de Facebook. Me metí al Facebook de Karen y había varias personas que le publicaban moñitos negros y cosas tristes. Me dio miedo y, de hecho, le pregunté a sus familiares, por medio de Facebook. Hasta que alguien me contestó que según se habían metido a robar y que la habían asesinado a ella y a su hermano. Después me enteré lo que en verdad pasó. Porque no se robaron nada.

Fue un gran golpe, yo tenía muchos planes con ella, yo tenía metas, sueños. Lo que no me trae paz, y no me sigue trayendo paz, es que, vaya, no murió así como de alguna enfermedad. Porque si hubiera sido una enfermedad, dices: "Pues al menos ya no sufre". Pero ¿qué bueno le ves a esto? Le hicieron la peor muerte de todas. La violaron y después la ahorcaron. No le veo nada de paz a eso. No le veo una parte buena. No le veo ninguna resignación y menos porque ella era [pausa, respira] una niña buena.

Ella estaba muy ilusionada, soñaba mucho en grande. Ella decía: "Yo voy a llegar muy lejos, y si yo tengo trabajo primero, te voy a jalar, y si tú tienes, espero que también me ayudes".

¿Qué sueños?

Ahora sí que salir de Vallejo en tres años… [se ríe]. Luego, pues acabar una carrera. Ella me contaba que tenía sueños muy grandes, tener su doctorado. Ser exitosa. Teníamos las metas de viajar a diferentes partes del mundo. Probar diferentes comidas, hablar diferentes idiomas. Yo quería invitarla a clases de inglés. Yo sé que dentro de sus posibilidades no estaba pagarlo, pero mi mamá estaba dispuesta a mandarnos a las dos. Teníamos metas juntas.

El CCH está lleno de recuerdos. Hablaba con mi mamá, y decía: "Ay no, cuando vaya al CCH le voy a enseñar esto a Karen", y luego me venía el golpe: "Karen ya no está". Me enojaba mucho. Me daba mucha impotencia.

En marzo de 2017, siete meses después del crimen, la policía halló un culpable. Luis Enrique, de 17 años y primo de las víctimas, fue detenido. Los peritos realizaron pruebas de ADN al semen hallado. Éste coincidió con Luis Enrique. Para finales de 2017, tenía una sentencia: cinco años por los crímenes. Sentencia mínima por haber sido menor de edad al momento de los hechos. Sale en 2021.

Ari se graduó del CCH. Ya no estudió derecho, como había planeado con su amiga. Eligió odontología. Le gusta mucho trabajar con niños, aplicar selladores que previenen las caries. Pero de la historia de Karen ya no quiere hablar. La madre de Karen y Erick siempre pide que no olviden a sus hijos. Las protestas más sonadas han sido por el feminicidio de ella. A su hijo pequeño, Erick, la adoración de Karen, se le recuerda menos. A su mamá eso la lastima.

II. Tres hermanas

Ellas son tres hermanas. Son tres Marías: María Eugenia, María Fernanda y María Bárbara. Hijas de Eugenia y Alejandro. Ellas son tres. ¿Ya no lo son?

María Fernanda:

A la pregunta "¿Cuántas hermanas tienes?" no he encontrado la respuesta correcta.

Dices: "Bueno, tengo una viva, y tenía otra". Y entonces... Bueno, si no lo digo, siento que estoy borrando a Bárbara. Y si la menciono, luego van a preguntar qué hace, a qué se dedica, o por qué no vivo con ella.

La verdad, a mí me gusta decir que tengo dos hermanas. Siento que si dejo de mencionar a Bárbara, en algún punto es como si ella hubiera desaparecido. Y aunque ya no hay forma de que pueda formar nuevos recuerdos con ella, no me gustaría perder los que tengo por no mencionarla.

En la mayoría de los casos [responden]: "Ay, tienes dos hermanas, entonces eres la de en medio". Y ya. Pero cuando estaba viviendo sola, me pasaba mucho que me preguntaban: "¿Y dónde está viviendo tu hermana si tú estás viviendo sola?" Y normalmente lo que haces es sacar un chiste medio negro.

Les digo: "Pues espero que siga en el mismo lugar, porque si no fuera así, sería muy aterrador". [María Fernanda simula la cara de sorpresa e incomodidad con la que responde la gente, y agrega:] "Ay, es que falleció". Entonces, ya no te preguntan más... Aunque otros sí te preguntan: "¿Cómo falleció?", y... Ugh: "Bueno, es que la secuestraron y la asesinaron". Después de eso te ven así como "¡Ay!", y se sienten incómodos, porque no saben cómo reaccionar.

[Su cara se transforma, se pone seria y responde este diálogo que ha tenido muchas veces con diversas personas:] "Mira, ¿sabes qué?, no es un problema, ya pasó y no pasa nada".

Secuestro

Un café en el Estado de México. La familia ya no radica en la casa donde ocurrieron los hechos. María Eugenia, la hermana mayor, es muy cuidadosa de llevar a gente extraña a su casa actual. De estatura regular, formas suaves y rostro dulce.

María Fernanda, en cambio, es alta, de rostro alargado. Se parece a Bárbara: alta, rostro alargado.

En el 2011 María Eugenia tenía 21 años y estudiaba ingeniería industrial. María Fernanda, la de en medio, contaba con 20 años y estaba por entrar al segundo semestre de diseño. Bárbara, la más pequeña, tenía 16, y cursaba la preparatoria. El 8 de agosto de aquel año, al mediodía, Bárbara, *Barbi* —como todos la llamaban—, salió rumbo al centro comercial Luna Parc, a unas cuadras de su casa. Horas más tarde su madre recibió un mensaje de texto desde el celular de su propia hija: exigía el pago de un rescate. Durante toda aquella tarde hubo comunicación con los secuestradores, pero luego dejaron de llamar. Bárbara estuvo en calidad de desaparecida durante un año y medio.

María Eugenia:

> Mi paliativo siempre ha sido la evasión. El día del entierro de mi hermana, yo no estaba ahí. Es decir, yo fui pero… o sea, me bloqueé. Bloqueé todos los canales de emociones y sentimientos. Y dije: "Pues voy a ir porque tengo que ir" y me concentré en ponerme un vestido bonito y en quién iba a ir y a quién iba a saludar, pero yo no estuve ahí. Decidí no hacer contacto con esas emociones.
>
> Después del secuestro tengo 10 días en blanco. No tengo nada. No sé qué pasó, no sé qué hice. Las primeras 24 horas las tengo más presentes.
>
> Recuerdo que el día que pasó, estaba el negociador [de secuestros] y yo veía la tele. Y subí los pies a la mesa. Estaba cómoda. Bueno, no cómoda pero así estaba mi posición.
>
> Yo no podía creer lo que estaba pasando. Había visto a mi hermana en la mañana y ya no la volví a ver nunca más. Pero en ese momento no podía entender lo que estaba pasando. Era como un sueño o un mal entendido, o sea, que iba a acabar rápido. Que ese día o al día siguiente iba a tener a mi hermana de regreso.
>
> Al día siguiente me levanté y el primer pensamiento que tuve fue: "Esto sí pasó". Y, no sé. [Días en blanco.] Creo que dejé de trabajar como una semana y luego volví a trabajar. Y seguramente esos días fui a declarar, y al emepé (ministerio público), pero yo no recuerdo nada de esos días. Me desconecté...

El cuerpo de Barbi fue localizado por la policía en octubre de 2011, dos meses después del secuestro, a pocos kilómetros de su casa.

En un terreno baldío que solía ser frecuentado por adolescentes de un barrio popular. Pero no fue identificado. Por negligencia y omisiones del investigador a cargo, terminó en calidad de desconocida y enviada a una fosa común en enero de 2012. Todo aquel año, los padres no supieron si estaba viva o muerta.

Por eso 2012 fue el año más difícil. Hay un fenómeno que los psicólogos que se dedican a acompañar a las víctimas colaterales mencionan, y que es difícil de comprender para el que no haya estado ahí. Los hermanos jóvenes de una víctima de desaparición navegan tres aguas negras: la primera es la culpa del sobreviviente: *por qué no me llevó a mí*, o *no puedo ser feliz si mi hermana no está*.

La segunda es la autopercepción de pequeñez: *nada que yo haga será más importante que la tragedia de mi hermana*. Y la tercera es la sensación —bastante real, además— de verse abandonados por los padres.

María Fernanda pasó por el segundo y el tercero.

María Fernanda:

> Llegué a tener como mucho enojo con la situación. Era difícil expresar que nadie nos pusiera atención a mi hermana y a mí. Quizá pensaban: "Ustedes están bien, tenemos que buscar a tu hermana…" Pero en ese lapso de buscar a mi hermana pasó año y medio. Y yo pensaba: "Si no está, si ya nunca regresa, siempre va a ser así la vida". Nunca va a regresar a lo que era antes. Y no puedes desahogarte, porque si dices: "Sabes qué, estoy enojada porque mis papás tenían que ir a una reunión con el procurador y no pudieron venir a la exposición de mis carteles de la escuela", entonces todo el mundo te ve como una persona egoísta, que no tiene sentimientos.

Siempre insuficiente

A principios de 2013, tras año y medio de la desaparición, el caso estaba detenido. Entre algunas madres de víctimas en el Estado de México empezaron a darse un consejo: revisar personalmente las carpetas y registros físicos en los Semefos, ya que había mucho *desor-*

den y no reportaban todo a la administración central. Así que la madre de Barbi así lo hizo. Fue en persona a los anfiteatros y empezó con los dos más cercanos a su domicilio. La encontró en el segundo: los restos con la ropa que su hija llevaba el día del secuestro. Para marzo y abril, por fin hubo una identificación positiva.

María Fernanda:

Fue como un alivio. De no saber, a saber que estaba ahí. [Muerta.] Yo ya había asumido que mi hermana no iba a regresar con vida. Mis papás siempre me cuestionaron: "Es que tú perdiste la esperanza de que tu hermana regrese" y "ésa no es la actitud, tienes que pensar que sigue viva…". Pero en ese tiempo yo ya daba por perdida a mi hermana. Cuando la encuentran, pensé: por fin se va a cerrar un ciclo.

Mejoró la situación… por un tiempo. Mis papás intentaron recuperar el entorno perdido… Un tiempo yo me volví, para mi mamá, como la suplente de mi hermana. Pero empezamos a tener problemas, porque durante todo ese año y medio [de la desaparición] no fueron partícipes de mi vida. De pronto se dan cuenta de que ¡oh!, salgo con mis amigos todos los días… Me dicen: "Oye, pero ¿por qué estás saliendo todos los días?" Y yo: "Bueno, pues llevo año y medio haciéndolo…"

Luego mis papás se separaron. Mi papá se va de la casa y mi mamá decide mudarse al Distrito [a la Ciudad de México]. A mí me dejan viviendo en la casa. Ya mi hermana mayor se había casado. La tensión disminuyó pero vinieron los pensamientos de "Bueno, mis papás se fueron de la casa y me dejaron viviendo sola. Si hubiera estado Bárbara, no habrían hecho eso".

Es la sensación de nunca ser suficiente para tus padres.

No hay mucho que pueda hacer al respecto. Para tomar protagonismo tendría que pasarme algo todavía peor de lo que le pasó a mi hermana. Y eso no está en mis planes. Paradójicamente, en la escuela me fue mejor. Termino la carrera, escribo mi tesis. Hay planes para una maestría. Pero siempre va a haber otra preocupación mayor. Siempre, todos los días, mi mamá va a estar triste porque no está su hija.

Culpa ajena

El asesino de Bárbara tenía 19 años cuando cometió el crimen. Aunque fue detenido hasta el 2016, la familia de Barbi sospechó desde 2012 que era el responsable. Era una persona cercana.

María Eugenia:

> El chavo al que detuvieron había sido mi novio. Y sí. Fue él.
> Fue en el 2011, cuando todavía éramos novios. Debió haber sido en Semana Santa. Él robó a su tío una camioneta tipo Lobo. Sin más se metió a su casa y se la robó. Después llegó a mi casa y dijo: "Mira, te la regalo". Yo sabía que era de su tío, pero pensé que se la regaló... Me pidió que si lo acompañaba a Santa Mónica, al mercado de coches [un tianguis de compraventa de autos usados y seminuevos]. Ahí me dijo: "Tú véndela y el coche que te den ya te lo quedas tú". Entonces yo firmé la responsiva de compraventa.

Éste fue un detalle que pasó sin importancia. María Eugenia y el chico terminaron. Luego ocurrió el secuestro de Bárbara, en agosto de ese 2011. Siguieron los días y los meses y para noviembre de aquel año, María Eugenia fue de nuevo a Santa Mónica. Ahí la detuvieron por la camioneta del tío. Se enteró de que su exnovio la había robado, y además la involucró.

> Ahí se nos cayó la venda de los ojos. Mi familia y yo nos dimos cuenta: esta persona es delictiva. Él puede tener algo que ver con lo de Bárbara. Entonces toda la investigación giró en torno a él. Y al final sí. Fue él.
> Todavía, después de que habían secuestrado a mi hermana, él seguía cerca de mí. Él me decía que me amaba y que quería regresar conmigo. Y cuando piensas eso... no sé, me sentía asqueada por la situación. ¿Cómo alguien que tuviste tan cerca te puede hacer algo así y todavía quedarse cerca, decirte que te ama?
> Al principio me sentí culpable porque, pues era mi novio y conoció a Bárbara y a mi familia por mí. O sea, yo lo había acercado a mi

familia y porque yo había puesto en peligro a mi hermana. Y después, porque, ¿cómo no me di cuenta?, ¿cómo no vi que había sido él? Era una persona nociva, un drogadicto. Siempre mentía u ocultaba cosas. Pero eso lo vi en perspectiva.

Todos los días sabes que tu hermana ya no está, que a tu hermana la lastimaron y que fue alguien que tú conocías, a quien tú acercaste. Yo todos los días lucho por no comprarme la culpa, por que poco a poco..., no sé si es la palabra, me pueda *perdonar*. Más bien, poco a poco comprender que yo no tuve responsabilidad en eso.

Culpa de la sobreviviente

Han pasado más de dos años desde la última entrevista a María Eugenia. Ahora es julio de 2019. Ella relata:

Cuando platiqué con ustedes, todavía estaba muy afectada y evadida. El evento fue tan traumático y complicado que no podía lidiar con mis emociones. Como parte de un mecanismo de defensa, me evadí por completo.

Desconecté mis sentimientos de todo esto y funcionó al principio. Pero después empezó a afectarme, empecé a usar demasiada energía para estar bien. Un día normal, sin nada extraordinario, era agotador, aunque no pasara nada.

Esto de no sentir no era algo tan nuevo... Fuimos criadas en tratar de que todo lo que estaba mal se mantuviera por debajo de la superficie. Ya sabes, tú te veías bonita, y no hacías un drama. La ropa sucia se lava en casa. Sólo que se magnificó.

Todavía en el 2014 estaba con algunos sentimientos suicidas, de "no quiero estar aquí". Pero tienes que vivir, porque tienes una familia, y tienes que vivir porque no puedes hacerle lo mismo a tu familia: ser la hermana que se muere, después de que ya se murió una.

Utilizas mucha energía en pensamientos que te ocupan todo el tiempo; toda esa energía para controlar tu tono de voz, tus expresiones, para que nadie, ni siquiera la gente que vive contigo note que estás mal.

Me estaba muriendo por dentro. No tenía ganas de nada. Hubo momentos en mi vida en que podía pasar una semana sin que me bañara, me cepillara el cabello, me lavara los dientes. Pero de alguna manera tenía que vestirme y pretender que llevaba una vida normal, en la que no estaba triste.

Pasó el tiempo. María Eugenia y su madre asistieron a terapias ofrecidas a sobrevivientes de violencia de género en el Estado de México. Fueron una vez por semana durante dos años.

En terapia descubrí que esa energía que otorgaba a no sentir me estaba robando un proyecto de vida. Estaba completamente dedicada a mi casa: a que estuviera ordenada, a lavar trastes, a lavar ropa. Pero no había nada que hiciera yo para mí.

A María Eugenia la atacó sobre todo la primera culpa del sobreviviente: *No puedo ser feliz si mi hermana no está.*

Necesitaba retomar mi proyecto de vida. Pero fue difícil porque sientes que no tienes derecho. Yo sentía que, si alguien sabía lo de mi hermana y me veían contenta o más relajada, me iban a juzgar. Es algo que nadie te dice, pero tú sientes.
Y eso, sumado con la culpa. Yo me sentía muy culpable, trataba de no hacerlo y luchar con eso, pero al final del día tuve que enfrentarme con el hecho de que... de que mi ex había matado a mi hermana.

Renacer

Lo segundo importante que pasó en terapia es que comprendí que nunca tuve control sobre la situación con él. Todo el tiempo pensaba que yo había tenido cierto control. Que él no había abusado de mí, en cierta manera. Y en la terapia me di cuenta de que no fue así, que desde el principio él me manipuló.
Ése fue un momento muy liberador. Entender que yo no tuve culpa. Dejé de sentirme mal y me di cuenta de que tenía derecho a hacer mi vida.
Me metí a estudiar estilismo. Ahorita tengo un estudio chiquito, de uñas y maquillaje. Me permití descubrirlo, a partir de dejar de

sentirme culpable. Soy más sociable. Hablo ya con gente, me permito confiar un poco, aunque todavía no puedo darme chance de abrir mi círculo de confianza.

Maru muestra su trabajo: maquillaje, peinado y uñas de fantasía. Caracterización, un *bodypaint*: castillos, princesas, juegos. Alegre, muy brillante. Divertido. Un toque infantil, como darse permiso, de nuevo, de ser confiada. Permiso de avanzar en la vida y no quedarse estancada en aquel sillón con las piernas levantadas, mientras veía la tele el 8 de agosto de 2011, cuando los negociadores esperaban hablar con los delincuentes que habían secuestrado a su hermana.

Pero fue un viaje largo de recuperación. Casi ocho años.

III. Soñar a Diana

El sábado 7 de septiembre de 2013 Diana Angélica Castañeda Fuentes, de 14 años, salió de su casa en Los Héroes Ecatepec y desapareció. Mariana, su mejor amiga, vivía en Satélite (a unas dos horas de distancia) tenía 11 años e iba en quinto de primaria. Se conocían desde chiquitas. Mariana fue de las primeras personas en enterarse que el cuerpo de Diana había sido encontrado en bolsas de basura en el río de los Remedios. Su caso es vinculado con otras desapariciones de jovencitas en la zona, crimen organizado. Hasta el día de hoy no hay detenidos.

Años después del crimen, en 2017, Mariana se encuentra en su casa, en una zona residencial de Satélite. El lugar es muy distinto a Los Héroes Ecatepec, donde su amiga desapareció.

Mariana:

Yo como que vivía en un mareo porque mis papás se divorciaron. Y Diana era la que me guiaba, era mi pilar... Y siempre me decía: "Hoy nunca lo vas a volver a vivir, así que vívelo bien y vívelo como se debe, sácale una sonrisa. Mariana, eres una niña muy bonita, eres una niña muy linda, sonríele a la vida, y mientras más sonrías, mejor te va a ir. Sé feliz, disfrútalo como es. A veces hay que sufrir, pero sufrir es sentirnos vivos. Entonces siente tu tristeza, pero vívelo con felicidad".

Vivíamos muy a la par. Diana era mayor que yo, pero era como ir de la mano las dos e ir conociendo. No se sentía la diferencia. Sólo cuando me hablaba de sus maestros de química, de física… Y ahí era cuando lo sentía, y cuando ella salía completamente sola. A veces yo también salía sola, porque no habíamos vivido la inseguridad.

Recuerdo a Diana con un esmero… con una sonrisa siempre. Pero los últimos recuerdos que tengo días antes de que desapareciera, ella lloraba y lloraba. Yo le decía algo, y ella: "Déjame en paz". Y hablaba con ella y me decía: "Perdóname, Pony, es que me siento muy triste, no sé por qué". Y me acuerdo que días antes de que desapareciera, ella habló con su mamá y estaba llore y llore y llore y llore. Y el último mensaje que puso en Facebook fue: "Amo a mi mami".

Tengo recuerdos de ella muy feliz, pero en sus últimos días un recuerdo de… como si ella lo supiera…

Desaparición

De lo de Diana me enteré en el momento. Estaba mi hermano mayor, mi mamá y mi papá. Y Margy —la mamá de Diana— estaba aquí. Era tarde y ya nos íbamos a dormir. Pero en eso Margy bajó corriendo y yo me espanté, y se tiró al suelo y se puso a berrear. Así, a llorar… Y yo le dije: "¿Qué pasó?" Y salieron mi mamá y todos. Me dijo: "Es que el papá de Diana me está diciendo que Diana no ha llegado a la casa".

Ahí yo dije: "Seguro se quedó a dormir en casa de una amiga o algo así, o sea, seguro… ajá, está bien".

Pero pasaron dos días, tres días. Y yo diario le escribía al *inbox* del Facebook: "Hermana, sabes que conmigo puedes contar, a mí dime las cosas como son, por favor, comunícate conmigo. Nada más infórmame que estás bien y dónde estás y con eso me conformo".

Quinto de primaria estuve a punto de reprobarlo. Me dieron una carta a condición, porque iba muy mal en la escuela, no me concentraba. Pensaba: "¿En dónde estará Margy?, ¿estará en la Procuraduría, ya le habrán dicho algo?"

Me pasaban tantas cosas por la cabeza... yo sentía que no me querían decir algo. Mi mamá platicaba con Margy y a veces me decían: "Mariana, danos dos minutos, ¿no?" Y yo pensaba: "¿Le estará diciendo algo de que ya la encontraron o de que tal vez está muerta?" Como que yo sentía algo, como un mal presentimiento y que no me querían decir, y como muchas veces yo soñaba con Diana, pero no la soñaba viva...

Sueños

Mis sueños empezaron como mes y medio después de su desaparición.

Alguna vez la soñé en un jardín que tenía árboles, así, muchos árboles, pero como flores moradas que caían y veía a Diana con un camisón blanco muy tranquila, así... Diana siempre tenía pupilentes, y ahí ya no tenía pupilentes, ya no se maquillaba y se veía hermosa. Intentaba hablar con ella y ella me escuchaba y me contestaba, pero yo no lograba escuchar su voz. Entonces a mí me desesperaba. Y le decía: "Diana, háblame" y me hablaba y la oía tan tranquila... la oía tan tranquila, me hablaba, pero no alcanzaba a escucharla.

Otra vez soñé que había una puerta, bueno, como una cosa de cristal y unas cascadas... y estaba mi mejor amiga [Sofía]. Sofía le decía: "Diana, Mariana te está buscando. Mira, yo te enseño el camino, hay que regresar", y Diana le decía: "No, yo ya no puedo regresar, Sofi. Dile a Mariana que la amo mucho". Y ya, desaparecía.

Y mi amiga Sofía soñaba mucho con las personas que ya no estaban vivas. Una vez la soñó con un ramo de flores. "Diana, por tu bien regrésate conmigo, voy con Mariana." Y Diana le decía: "Es que hay una barrera que no puedo cruzar. Yo estoy bien, no te preocupes. Dile a Mariana que la amo".

La noticia

Recuerdo perfecto ese día, 2 de octubre del 2014. Ya iba en sexto de primaria. Salimos de la escuela y veo a mi mamá con lentes y llorando:

"Hija, ya encontraron a Diana". Y me brillaron los ojos. Me dije: "¡Mi hermana!" "¿Dónde está, mamá?" "La encontraron muerta". No lo asimilé de momento. No lo entendí.

Llegué a mi casa, me acosté en mi cama y agarré una foto en donde salíamos Diana y yo. Y la abracé, le di un beso y la agarré con tanta fuerza, me puse chille, chille y chille. Fue cuando me cayó el veinte... y me dije: "Tienes que entender. ¿Qué prefieres, una persona viva, secuestrada, infeliz, capturada o una persona que está bien, que está con dios, que no sufre y que te cuida?" Yo pensaba: "¿Estará despierta, estará pensando en mí, estará viendo nuestra estrella (porque Diana y yo teníamos una estrella)?" Sentí que mi vida literalmente se derrumbaba, porque la mejor parte de mi vida se había ido, ya todo eran recuerdos... Fue cuando me empecé a lavar el cerebro diciendo: "Bye, está mejor, y ya déjala descansar", y ya fue como lo fui asimilando.

Mariana, julio de 2019:

Creo que te conté aquella vez... pero tuve un novio más grande que yo. A los meses del velorio (de Diana), yo conocí a mi ex. Me llevaba cinco años. Yo me agarré a él como una tablita de salvación.

Yo en la secundaria... y con un novio que ya tenía coche. Estaba viviendo una etapa totalmente distinta a la que me tocaba vivir... Pero lo adoré. Lo amaba, como loca. Neta, fue... ese amor me cegó. Literal. Creo que él fue mi primer amor. Sí me enamoré. Pero era una relación muy tóxica. Terminé con él y pasé un año sola.

Se me vino todo abajo. Estaba entrando a tercero de secundaria. Mi única motivación era ir a la escuela. Sí hablaba con las personas. Pero iba a lo que iba: a estudiar. Fue la época en la que saqué mejores calificaciones [se ríe], pero llegaba a mi casa y no había fuerza que me sacara de la casa.

Entonces fui con el psicólogo. Ahí traté todo. Desde el divorcio de mi papá, lo de Diana y lo de mi novio. Y sigo yendo.

Entonces empecé a vivir mi vida. Fui a mi campamento de graduación de secundaria. ¡Y lo disfruté muchísimo! La fiesta de la graduación. Y empecé a acoplarme a las cosas que descuidé.

Un año después empecé con mi novio actual. Es un niño de mi salón que conozco desde primero de primaria. Es de mi edad. Bueno, yo soy un mes más grande [se ríe]. Mis amigas me dicen que me voy a los extremos: o muy grandes o asaltacunas.

Ya en serio, disfruto mucho mi relación. Hacer cosas de mi edad. Irnos en transporte público, no traer dinero, ir al cine con los amigos...

A pesar de que el tiempo pasó, a veces me da el bajón y la extraño y lloro. Se siguen sintiendo los sentimientos muy frescos.

¿Dónde sientes esos bajones?

En el estómago y en el pecho. Siento el pecho desinflado, y el estómago lo siento como si me hubieran dado un golpe. Me da así como emocionalmente mi bajón. Siento todo el cuerpo desguanzado. Como cuando te dan una medicina...

Todavía sueño mucho con ella. No tanto como antes, pero sí. Sí. No me habla. Pero está tranquila. A veces la veo a lo lejos, y a veces a lo cerca.

Yo sé que es ella. Siempre la veo muy tranquila, como caminando o en algún jardín. Alguna vez soñé con ella en una cascada. Siempre está ahí, aunque no sea tan seguido como antes.

¿Cuáles son tus planes? ¿Qué quieres estudiar?

Tengo 17 años. Estoy a punto de entrar a tercer semestre... ya te empiezan a presionar sobre qué quiero estudiar [ríe]. ¡Todo me gusta! Medicina, derecho... Todo me gusta, pero yo quiero irme de México... Y, sí, me gusta México. Pero la inseguridad, la situación en la que está y en todos estos años no ha sido la mejor. Siempre he tenido la idea de irme y el hecho de estudiar medicina obliga a quedarme en México. No pienso quedarme en México. Me quiero ir.

Cuidar.

¿Quieres saber a quién amas? Pregúntate a quién cuidas. Nuestra falta de cuidado revela falta de amor. El cuidar activa el amor, es la escuela de aprendizaje a las posibilidades de transformación de las vidas.

Si aprendemos a cuidar de una mujer cuando necesita una red de protección para saber que no está sola, si detectamos en la otra una mirada de miedo y la acompañamos, si llamamos a una amiga cuando sabemos que hay una necesidad: estamos constantemente trasformando el dolor en posibilidad de conocimiento a través del cuidado.

Una carta de amor en medio de la violencia

Por Emanuela Borzacchiello

Para Lucía, Guanajuato y las nuevas ciudades Juárez

Silao, Guanajuato, agosto de 2019

Seis años después de que te conocí, Lucía, me escribiste un mensaje por WhatsApp:

"Hola, Emanuela, ¿cómo estas? Tengo necesidad de ayuda."

Te escucho. Empezaste a desahogarte:

"Sabes cuánto esfuerzo hice. Me separé de mi marido que me pegaba diario, salí de eso. Vivo sola con mi hijo, tengo una casa, sigo trabajando."

Te digo:

"Sí, Lucía, lo sé. No tienes que justificarte ni conmigo, ni con nadie. ¿Qué pasa?"

Me respondiste como si tu garganta estuviese casi estrangulada por los miles de hilos sutiles y enredados de una telaraña:

"Me llaman por teléfono. Tienen mi teléfono de casa, ya saben todo de mí. Son de la Familia Michoacana. Si no pago la deuda de mi exmarido me matan o matan a mi hijo, o alguien de mi familia. Le dije, le insistí: me separé, ya no soy su mujer. ¿por qué tengo que pagar yo?"

No entiendo, Lucía, ¿cómo has hecho para lidiar con tanto dolor? ¿Por qué tienes que pagar tú? No tengo respuestas. Ya lo has hecho todo, tienes razón. No tengo palabras, pero sí tengo que encontrar una vía de fuga.

"¿Qué quieres hacer? ¿Ya lo pensaste?", te pregunto.

"Sí, pagar. No me queda de otra."

Me contestaste como si ya estuviera decidido todo, como si en tu cuerpo tuviera que reproducirse —por azar o por destino— la violencia que sufre nuestro país, como si no existiera una vía de fuga, como si tu vida estuviera inscrita en la tierra que habitas.

"Entonces, Lucia, ¿por qué me llamas?"

Te abro preguntas sabiendo que al hacerlas abro también heridas. Es doloroso abrir preguntas que nos ponen en duda, en discusión, que nos obligan a mirarnos críticamente. Es un ejercicio que implica una excavación arqueológica hacia dentro de nuestros miedos, pero somos mujeres y sabemos que tenemos que excavar hasta las entrañas para cambiar radicalmente las vidas que sufren violencia.

La tierra que habitas

Yo te veía siempre determinada, pero me replicabas: "En realidad nunca me sentí segura. Ni cuando logré rescatar con mi trabajo a toda la familia de la crisis económica que golpeó el país y a nuestra empresa en el año 2009". Era un negocio pequeño pero rentable: compra y venta de partes usadas de coches. "Ni me sentí segura cuando nació mi hijo." Tenías menos de 30 años cuando el contexto cambió rápidamente en Silao, así como en tu vida. "El 2009 fue un año tremendo. Ya nadie podía atreverse a decir que no pasaba nada en Guanajuato."

En este entonces el estado de Guanajuato era considerado el más seguro de todo México. Su capital, declarada patrimonio mundial de la humanidad por la UNESCO, su universidad y famosos festivales internacionales de teatro, cine y música retroalimentaban el imaginario de seguridad y buen gobierno.

Guanajuato es unos de los estados con el Producto Interno Bruto más alto de México por la presencia, entre más factores, de grandes empresas manufactureras que se concentran sobretodo en dos ciudades: Celaya y Silao. Un escenario perfecto para encubrir el delito perfecto. Gracias a la presencia de capital económico, se establece una alianza entre política, empresas y criminalidad organizada que crea un sistema de corrupción y clientelismo a través del cual se controlan todos los negocios, legales e ilegales, del estado. Además, su ubicación geográfica es estratégica. Guanajuato es un territorio de tránsito que colinda con dos lugares neurálgicos: la capital del país, Ciudad de México, y Michoacán que, con su puerto internacional Lázaro Cárdenas, es uno de los lugares mexicanos de mayor flujo de precursores químicos para la confección de drogas sintéticas.

Silao se ubica a pocos kilómetros de Guanajuato capital. Desde que en 1994 se instaló la primera empresa internacional, General Motors, Silao se ha ido transformando silenciosamente en uno de los parques industriales más grandes de América Latina. El Puerto Interior es una matrioska que contiene cuatro parques industriales y las empresas más importantes de la era de la globalización: de Pirelli a Volkswagen, pasando por Nestlé o Hino Motors (filial de Toyota).

En el 2009 una bomba hirió el centro de Silao: explotó en el Ministerio de Justicia y dejó a varios agentes lesionados. La amenaza de la guerra entre el cártel de la Familia Michoacana y Los Zetas se hizo visible. Este "pueblito", a media hora de Guanajuato capital, era un territorio en disputa y, al mismo tiempo, símbolo de la alianza entre el sector político, las empresas y la criminalidad organizada. Para ti, Lucia, todo este escenario siempre fue muy claro: "Dicen que la violencia empezó hace pocos años en Guanajuato, que todo estaba tranquilo. Querían construir una mentira perfecta".

Cuando al principio de esta década en Silao empezaron a aparecer cabezas decapitadas, ejecutados en las comunidades o narcomantas, tú ya habías entendido cómo el nivel de violencia estaba cambiando en Guanajuato a partir de lo que sentías bajo tu misma piel: la guerra que explotó afuera, en el espacio público, antes explotó en tu casa. En el lugar que para ti era lo más seguro, empezaron a entrar la violencia y armas de fuego.

Un día nos encontramos en una cafetería de Silao, era uno de tus pocos momentos de descanso. Sin bajar nunca la mirada, me contaste cuando decidiste que no ibas a dar ni un paso atrás:

"'Si no me traes dinero voy a matar al niño', me decía mi marido, que legalmente era el jefe de nuestra empresa, pero quien realmente trabajaba era yo. En este periodo su padre, el abuelo de mi hijo, le regaló un arma de fuego. Un día empieza a golpearme de nuevo, pero esta vez yo no me dejo. Lo golpeo yo también, para defenderme. Cuando se dio cuenta de que ya no podía conmigo, empieza con el niño. Encañonó a nuestro hijo con una pistola. ¡El niño tenía dos años! así que con un cuchillo lo apuñalé por la espalda. Tuve que salir de la casa.

"Llena de sangre y cargando a mi hijo llegué a la policía y lo demandé por la violencia y por todo lo demás. Pero me equivoqué, la policía no me defendió a mí, lo defendió a él. Él me demandó. Después de la policía me fui al hospital para que revisaran al niño. Todavía tenía el cuchillo conmigo y estaba toda llena de sangre. Todavía traía conmigo todo lo que me había hecho. Me quitó la casa, las acciones de la empresa, me quitó las ganas de vivir. Ahora ya me cansé de ser víctima, que todo el tiempo me digan que no puedo".

Ya me cansé, me repetías. En todos estos años, por miles de razones, Lucía, no hemos sabido encontrar otra palabra para nombrar el "estar" en esta condición temporánea de ser "víctima de violencia". Cuando no se nombra bien lo que somos, el "estar" se transforma en una condición de "ser" permanente que acaba por definirte y constituirte como ser humano. Una prisión simbólica pero efectiva. Tú no querías ser víctima y no querías que los demás te vieran como víctima para siempre, pero el lenguaje te define y crea una camisa de fuerza que te etiqueta. Pero tú, Lucía, con una sola frase desmontaste todo eso. Ya me cansé, me repetías. Y yo pensé que, a veces, también el cansancio sirve.

Desde que nos conocimos siempre tu historia me acompaña. En la academia se dice que "tenemos empatía con las víctimas". Esta frase me molesta. Yo, te confieso, no tengo empatía con todas las mujeres que encuentro. Nos elegimos algunas, otras me caen francamente mal, pero con todas el vínculo está establecido por un fuerte sentido de respeto y la posibilidad de seguir en una lucha común.

Me encantaste desde que me contaste que, en el armario, escondida, tenías siempre lista una maleta para contener tu vida y huir con toda la fuerza posible, si fuera necesario. "Mi esposo me pegaba desde que nos dimos el primer beso, pero yo seguía cuidando la casa y la vida cotidiana. Luchaba, pensaba que las cosas tenían que mejorar." En estas palabras me reconocí. Las mujeres lo intentamos siempre: mejorar todo, cuidar de todos. Pero ¿cuál es el límite que tenemos que poner al cuidado?

Para Guanajuato y las nuevas Ciudad Juárez

En Guanajuato, y a través de ti, encontré muchas Juárez, sólo que no son visibles porque son "perfectas".

Juárez es muchas cosas. Símbolo del feminicidio, de la explotación laboral, de la maquila, de las primeras empresas multinacionales que se instalaron en México, de la migración fronteriza y de la economía ilegal. Sobre todo, Juárez sigue siendo una cicatriz abierta que nos habla de cómo en México la violencia se retroalimenta de redes de complicidades entre criminales, funcionarios, políticos y diferentes agentes sociales que construyen un nuevo sistema estable de dominación.

Guanajuato es el símbolo del buen gobierno y del conservadurismo que todo arregla y silencia. En el interior del Puerto de Silao las empresas están en norma: obedecen los estándares de seguridad laboral, incluso hay obreras que llevan alfombras ergonómicas bajo los pies para no lastimarse la espalda mientras trabajan en la cadena de montaje. Entonces, ¿cuál es el truco?

En los últimos 10 años en Guanajuato, analizando cómo estaban cambiando y transformándose en más brutales las formas de la violencia ejercidas contra las mujeres, estudiando cómo entraban en las casas las armas de fuego, entendiendo cómo el tejido social se iba transformando a partir de los lugares que supuestamente eran los más seguros, podía investigarse cómo todo el espacio público estaba dramáticamente cambiando y volviéndose más violento contra los cuerpos de todos.

Juntas, en la misma cafetería de siempre, estábamos hablando de cómo asesinan y encuentran a las mujeres. Me acuerdo de que conversamos y te conté que estaba pensando en la relación entre los feminicidios, los huachicoleros y la criminalidad organizada: la más visible, la que se transforma fácilmente en noticia. Me acuerdo de que me gritaste horrible. Me dijiste que yo estaba mirando sólo una parte de la trama.

Caminando contigo entendí que la alianza entre empresas, política y criminalidad organizada lo había vendido y cambiado todo, pero de manera silenciosa. El cambio se pone en marcha a partir de la venta de las tierras a las empresas del Puerto Interior. Para que pudieran ganar todos, menos la gente que desde siempre cuidaba el territorio, el mecanismo que se inventaron fue muy sencillo. Había intermediarios que compraron la tierra a los campesinos a un precio muy bajo para vendérsela luego más cara al Estado, y son los políticos que después negocian directamente con las empresas por el triple del precio. Donde hay corrupción y dinero, se crea un humus muy fértil para cualquier tráfico que la criminalidad organizada quiera instalar.

Las formas de violencia cambian

Querida Lucía, a mí en todo este escenario me quebró sobre todo una historia.

Era muy joven. Tenía 20 años. La encuentran en el espacio público. La mata acuchillándola 20 veces. La deja fuera de una cafetería. Fue su marido. La mata en casa, pero no la deja en casa. Hoy el victimario no quiere borrar las huellas de la matanza. La deja en uno de los lugares a donde más le gustaba ir con sus amigas, una cafetería. Justo me la imaginé allí, en uno de sus momentos de libertad. Me acordé de cuando tenía yo 20 años, ¿y tú? ¿qué hacías cuando tenías 20 años?

La violencia lo está cambiando todo. El mapa se dibuja y se define alrededor de diferentes directrices:[1] primera, la expropiación del cuerpo: la mata en el espacio más seguro, su casa. La violencia penetra bajo nuestra misma piel. Segunda, el despojo moral: la humilla exponiendo su cuerpo en lo que eran los lugares de su vida cotidiana. La violencia penetra hasta nuestros afectos. Tercera, el despojo-desposesión del cuerpo para demostrar su fuerza: a través la destrucción del vínculo afectivo, usa el cuerpo de la mujer para afirmar su poder y su capacidad de ejercerlo.

Su madre me dijo: "Ella sólo quería salvarse". No escribo su nombre porque después de un cúmulo de casos no lo recuerdo, y eso es lo terrible.

Ella no se salvó, tú sí.

Re-existir[2]

"¿Qué quieres hacer, Lucía? ¿Ya lo pensaste?", te vuelvo a preguntar en un mensaje escrito.

"Sí, pagar. Me rindo." Me contestaste.

"Después un pago, habrá otro y otro. Si quieres, unas compañeras pueden apoyarte para huir de Guanajuato, ir a una casa refugio. Habrá un lugar seguro para ti y tu hijo. Nadie te va a encontrar", te propuse ésta como vía de fuga.

---

[1] Todos los datos que me sirvieron para elaborar las tres directrices de la violencia que propongo para investigar el caso de Guanajuato se pueden consultar en: Emanuela Borzacchiello, "Violencias cruzadas: prácticas feministas que crean nuevas políticas", en Cathy Fourez y Víctor Martínez (Comp.), *La mort sous les yeux? La mort dans tous ses états à la charnière du XXe et du XXIe siècle*, Hermann, París, 2014. El desarrollo de la tríada Expropiación del cuerpo / Despojo moral / Despojo-desposesión del cuerpo es parte de un estudio más amplio llevado a cabo en cuatro años de trabajo de campo y recolección de datos por la tesis doctoral *Re-existencia: prácticas feministas que generan nuevas políticas*. Este trabajo no hubiera sido posible sin las aportaciones de Lucía Melgar, Irma Saucedo y Karla Flores.

[2] Pensé en elaborar la categoría de *Re-existencia* en un espacio muy importante, que tengo que citar y agradecer: Seminario de Investigación Permanente de Entramados Comunitarios y Formas de lo Político de la Universidad Autónoma de Puebla (BUAP), organizado por Raquel Gutiérrez Aguilar, Mina Navarro y Lucia Linsalata.

"¿Y después qué? Mi trabajo, mi familia, mi casa, mi barrio... Me rindo." Éstas fueron tus palabras, ésta tu decisión.

Querida Lucia, yo no sé cómo has hecho para lidiar con tanto dolor. Sinceramente no creo que tengamos siempre que luchar más, resistir más, esperar más. ¿Es una elección legítima cansarse de luchar? ¿No querer resistir más significa rendirse?

Nos dicen que debemos ser más empoderadas, más seguras, que tenemos que mejorar más, hacer más, pero ¿tenemos siempre que superar nuestro umbral del dolor para llegar a todo eso?, ¿tenemos siempre que reconstruir algo?

Eligiendo quedarte con amor y con dignidad, estás volviendo a habitar tu tierra. Estás re-existiendo. Cada gesto que hacemos las mujeres, con respeto y con cuidado, es un gesto necesario que está dando re-existencia a nuestras vidas y nuestro territorio.

Me dijiste que la seguridad para ti es tener un respaldo, saber que si pasa algo hay otra que te echará una mano.

Vale, sabes que aquí estaré por ti.

Un abrazo,

E.

P. D. A veces el dolor por lo que investigamos lo cambia todo. Nosotras mismas, investigadoras, periodistas, defensoras de derechos humanos, con el pasar de los años nos transformamos en testimonios. Hay muchas palabras que se quedaron rotas en las manos, no logré escribirlas. Hay otras que se quedaron en la garganta y no logré decirlas. No toda una historia se puede narrar, pero sí hay el esfuerzo sincero y constante en salvar la memoria y recordar.

Segunda parte

Un dique en el río

Presentación

La importancia de un corazón colectivo

Acuerpar, cuidar, acompañar, enraizar, enternecer, escuchar...

Queridas amigas me han convidado a prologar las duras y vibrantes páginas que siguen en esta segunda parte. ¿Cómo tejer mi voz en este lúcido coro de esfuerzos sensibles por hallar sentido y sostener la vida en medio de tanta tanta muerte? No lo sé, pero aun así lo ensayo: parto de mí para salir de mí y enlazarme con otras; tal como enuncian, queridas amigas feministas. Siento palabras que hacen falta, busco cómo expresarlas viviendo en esta mexicana sociedad torturada. Rota y furiosa.

¿Cómo ser parte de este esfuerzo tan intenso y tan duro que sostienen las hermanas de Periodistas de a Pie? ¿Qué claves fértiles puedo aportar? Tejo, de entrada, mis propios verbos entrelazándolos con los que ellas proponen: escuchar, conversar, acuerpar, imaginar, cuidar, gozar, acompañar, entender, enraizar, nutrir, enternecer... seguir tramando en el flujo de la vida deteniendo la velocidad del azote de la guerra. A eso me convoca este libro.

Tras la escucha quisiera tejer conversación ligándome con dos preguntas que se hacen las autoras:

¿Cuál es el sentido político de contar estas historias?
¿Por qué consideramos importante el escuchar, escribir y pensar voces/experiencias de mujeres en medio de la violencia a todas luces patriarcal?

Respondo con mi primera intuición: porque necesitamos desbordar el conteo necropolítico que es, lamentablemente, muchas veces a-significativo, para *concentrarnos en construir explicaciones y contribuir a que, entre muchas, logremos organizar la experiencia colectiva de estar viviendo en medio de esta guerra que nos ha despedazado, también, como sociedad.*

Nos ha despedazado porque no hay continuidad entre lo que se vive en un lugar y en otro. No es lo mismo haber vivido en Tamaulipas, en Coahuila o en Sinaloa estos años malísimos que en la Ciudad de México o en Puebla. No es lo mismo y, entonces, las experiencias situadas suelen volverse incomunicables. La violencia brutal a cada paso, el cuerpo maltratado, quebrado, ausente, queda aturdido, a veces mudo y parece solo.

Cuando hay certezas rotas, recuperemos la confianza

El problema se parece mucho a la doble dificultad para el habla que encara un cuerpo que ha sido torturado. En primer lugar, el enorme esfuerzo que hay que desplegar para comenzar a otorgar significado al sinsentido de lo ocurrido; en segundo, el abismo que se vuelve a sentir al momento de intentar comunicar a los demás la experiencia que se ha atravesado. Claramente, para ello, el cuerpo puede apoyarse en la razón: ser capaces de objetivar en primera persona lo que ha pasado a un cuerpo torturado es un inicial momento para la recuperación de la voz: me ocurrió esto y esto y esto; castigaron mi cuerpo y quisieron quebrar mi espíritu de este y este modo. Pero ése sólo es el primer paso, después hay que indagar en lo que ese cuerpo fue sintiendo durante la experiencia devastadora de verse reducido a objeto de violencia. Ese momento es más duro y es más incierto. Cuesta confiar en una misma cuando hay certezas rotas, cuando se confunden y traslapan las emociones desgarradas que nos atraviesan en momentos de parálisis y terror.

Las compañeras de Periodistas de a Pie, de alguna manera, proponen una terapéutica que necesitamos como sociedad. Como sociedad torturada. Recoger, escuchar, escribir y reunir las voces múltiples de experiencias de agravios y dolores tan inmensos es convocarnos a sanar dejándonos tocar por emociones que no sabemos dónde colocar.

Necesitamos conocer en primera persona las experiencias de las demás para poder reflejarnos en ellas. Para "espejearnos" como insiste el pensamiento feminista rebelde. Para escucharnos decir y desde ahí producir las conversaciones que necesitamos intercambiando palabras que nos hagan sentido. Palabras duras que nombran la muerte y señalan el daño, pero que también hilvanan el modo en que hemos resistido y cómo vamos aprendiendo a regenerar nuestras fuerzas vitales.

Escuchando, conversando, acuerpando, imaginando, cuidando, intentando gozar, siempre acompañando y entendiendo...

Las hermanas de Periodistas de a Pie perseveran en su cometido: dispuestas a escuchar para que los cuerpos doloridos y dañados no quedemos mudos, han hilado conversación y ensayan acuerparnos. Leyéndolas respiramos juntas, respiramos, y desde ahí podemos imaginar que esto, que sigue pasando aun hoy, tiene que acabar. Respirando, conversando y acuerpando podemos imaginar que no estaremos siempre en medio de esta descontrolada máquina de matar. Y podemos disponernos a hacerla dejar de funcionar.

La fuerza que respalda y la energía que refugia

Ha ocurrido tanto mal, se ha producido tanto daño que casi todas las claves heroicas se han hecho añicos. Renace, poco a poco, otra visión: la de la cuidadora que sabe cuidar porque se cuida. Se cuida y desde ahí toma y mide sus riesgos: se anima, se expone y también se refugia y sabe detenerse o huir. Desde el cuidado no cabe la cobardía que paraliza y también aprendemos a escapar del pozo de la culpa: *se rompe con la pesada herencia de relatos épicos que no nos sirven hoy para dotarnos de la clase de fuerza que necesitamos.* La fuerza que acompaña y respalda, la energía que refugia, entiende y, poco a poco, al dotarse de palabras nuevas vuelve a aprender a disfrutar.

Periodistas de a Pie nos llevan a Oaxaca donde saben de gozo y donde ahora también cultivan el cuidado. No se disuelve el daño, pero se aprende a expulsarlo del cuerpo y tal cosa es tan difícil como fértil. La violencia nos drena la energía vital, debilitándonos. De ahí la urgencia de aprender a sanar nuestras heridas.

Después de la tortura, la persecución y el terror, cuando una entiende poco a poco lo que ha pasado, el cuidado cálido que acompaña es lo único que hace sanar. Y sólo desde ahí se pueden desplegar, otra vez, anhelos rotos tras la amarga violencia que arrasa vínculos y sentidos.

Periodistas de a Pie acompañan y cuidan, entienden y se esfuerzan por recordar que cuidar es asunto colectivo y de honda sabiduría femenina y popular. Ahora que nos entregan uno de los frutos de sus esfuerzos, ojalá permitan que sus lectoras también en ocasiones las cuidemos.

Enraizar, nutrir, enternecer. Verbos antiguos que tienen corazón. Y el corazón late todos los días. Muchas veces cada día. Son verbos de esperanza y de lucha. A través de sus significados escuchamos —y quizá conversamos con— tenaces ritmos pausados y firmes que llegan desde Chiapas, muy distintos a los de las devastadas ciudades del centro y del norte de la República donde todo es rápido y efímero como la bala que escupe un fusil que agrede a un cuerpo. En cambio, desde el sur, una historia sencilla nos nutre y nos habla de arraigo y capacidad, de autonomía y cariño: una mujer visita a otra, su comadre, para curar su dolor de estómago, en el trayecto enseña a su hija cómo se sostiene la vida toda, en redes de vínculos de resistencia y lucha. Hay esperanza sosteniendo la vida tan cotidiana y tan exigente.

Enraizadas, arraigadas, sabiendo dónde pertenecemos, somos capaces de nutrir, crear, crecer. Y la guerra nos está arrebatando esas posibilidades que nos dieron la Pachamama y nuestras madres.

Necesitamos escucha, compañía, aliento y ternura. Necesitamos cultivarlo en medio del horror. Es posible. Así ocurre: nos lo recuerda otra hermana que desde la más honda amargura recoge voces que se despliegan potentes para hallar sentido en medio de la muerte. Enternecernos y dejarnos contagiar de la fuerza de Aracely

Osorio, madre de Lesvy Berlín, la joven mujer asesinada en la UNAM en 2017; o de la tenacidad de los familiares y amigos de los masacrados en la Narvarte, que se empecinan en no olvidar. Recordando a los ausentes ellas vuelven a pasarlos por el corazón. Un corazón que se comienza a volver colectivo dibujando estampas de ternura radical, porque esta guerra tiene que acabar. Tenemos que ser, colectivamente, capaces de acabarla. Necesitamos acabarla para comenzar a sanar. Periodistas de a Pie, en las siguientes páginas, se esfuerzan, una vez más, por empujarnos a que nos atrevamos a sanar animándonos a escuchar, a conversar, sintiendo la ternura que nos nutre aun en medio del más grande dolor.

Por este empeño, un inmenso ¡gracias! para ellas.

Raquel Gutiérrez Aguilar
Puebla, agosto de 2019

Acuerpar.

Nunca antes me percaté de que en la conjugación yo acuerpo, tú acuerpas, él acuerpa, el cuerpo se vuelve cuerpa. Cuando sale del yo, el cuerpo se vuelve cuerpa. El acuerpamiento siempre es femenino, no sólo semánticamente. Acuerpar es hacer comunidad con otras. Acuerpar es hacer la palabra abrazo, es hacer palabra que abraza, es abrazar acuerpando todos los cuerpos que no están y los que están buscando a los que no están y los que están porque siguen acuerpando a sus más querides. Acuerpar es hacer del cuerpo, cuerpa, es juntas, poner el cuerpo-cuerpa para todas las demás.

Aquí sigue pasando la guerra

Por Sara Uribe

Una epistemología de la ausencia

Toqué el cadáver de mi madre cuando tenía 10 años. En una salita del Seguro Social de Ciudad Valles, San Luis Potosí, que ahora, más de 30 años después, asumo era la morgue. Escribo *toqué el cadáver de mi madre* y me recuerdo poniendo mis dedos sobre su barbilla, ejerciendo una leve presión, incrédula y torpe porque jamás había estado ante un difunto; ingenua e infantil porque cuando entré a esa habitación oscura aún deseaba encontrar algo de vida en el cuerpo muerto que tenía frente a mí. Pero la piel, su piel, era ya una cosa endurecida, acartonada, una cosa que hablaba del frío, de la lejanía, de lo que no está ni estará más presente.

Hace una década el destino de mi cuerpo tras mi muerte no era un asunto trascendente para mí. Solía decir que no tendría ningún problema si mi cadáver terminaba en la fosa común. Tal vez debido a idealizaciones remanentes de un catolicismo recalcitrante y temprano, perdido al llegar a los 20; a que comprobé empíricamente que el cuerpo que enterramos ya no era en modo alguno mi madre; o a que jamás fui a visitar su tumba ni hallé sentido ni consuelo en una losa de cemento con su nombre grabado. Lo cierto es que estaba convencida de que una vez salida el alma del cuerpo, éste se convertía sólo en un recipiente, una carcasa-cascarón, un disfraz vacío de sujeto. Tenía la certeza de que lo que estaba ahí, debajo de la tierra, no tenía nada más que decirme sobre mi madre.

Pero el cuerpo, mi cuerpo y el cuerpo del otro tenían una consistencia distinta antes de la guerra. El cuerpo físico y el cuerpo textual: la carne, la palabra, la escritura, el lenguaje. Todo el ser trastocado, averiado, destejido por la guerra: una epistemología de la ausencia. Mi cuerpo siempre fue una especie de contenedor de lo que yo era en realidad; mi esencia y mi identidad parecían ser los verdaderos habitantes de mi yo: un yo abstracto, intangible, descarnado. El jinete y el corcel eran por antonomasia el adentro-afuera de mi existencia. De modo que cuando dejé de creer en el alma le otorgué las bridas de lo corporal al intelecto, a la razón. Mi anatomía era sólo la vasija pasajera de mi ser consciente.

Esa distancia con el cuerpo se manifestaba también en mi escritura. Nunca escribí con mis piernas, mis brazos, mi espalda, mi estómago, jamás con mis tobillos, mi nuca, mis codos, mi lengua, mucho menos con mi sexo, mis corvas, mis senos, mis dedos, mis nalgas o las plantas de mis pies. Nunca tracé un poema desde mis hombros, una frase que surgiera de mis rodillas, algunas palabras que provinieran de mis dientes. Sin embargo, el cuerpo siempre estuvo ahí, latente, a la espera de ser enunciado y enunciante.

En febrero de 2011, cuando recién me había mudado de Tampico a Ciudad Victoria, Tamaulipas, la dramaturga tampiqueña Sandra Muñoz me pidió que le escribiera un monólogo teatral que básicamente partiera de dos puntos: revisitar la *Antígona* de Sófocles adaptándola al contexto de la guerra en nuestro estado; y ahondar en la necesidad de recuperación de los cuerpos desaparecidos, así como la relación de los cuerpos de quienes buscaban con los cuerpos de sus familiares perdidos. Estaba segura de que me sería imposible abordar su segundo requerimiento. ¿Cómo iba a ser capaz de escribir sobre la necesidad de ir en pos del cuerpo de un ser querido desaparecido si los restos de mi madre, una de mis personas más amadas, no me eran significativos ni necesarios?

La fisura en mi lenguaje

> *Extinto el cuerpo, también la palabra*
> *que lo nombra comienza a desvanecerse.*
> Mariana Oliver

A medida que la guerra cobró fuerza en Tamaulipas la gente empezó a desaparecer: de las carreteras, de los autobuses, de los antros, de sus trabajos, de los ranchos, de la puerta de sus casas, de la mesa del comedor. La gente comenzó a aparecer, como en el poema "Hay cadáveres" de Néstor Perlongher, bajo la tierra, en los puentes, en terrenos baldíos, en cauces y maletas, en estacionamientos, en plazas públicas, fragmentados y en *paraperformances*.[1]

A la par, el lenguaje también empezó a desaparecer y a aparecer: a mutar. El lenguaje se negó a quedarse inerme. Así, los narcos fueron *los malos, los malitos, ellos*; los martes de tiroteos advertidos en mantas fueron los *martes negros*; las balaceras y persecuciones intempestivas fueron *fiestas*: *ya empezó la fiesta, hay fiesta por mis rumbos*, decían, por no decir, por no nombrar, porque el peso del lenguaje, la consistencia exacta de un sustantivo, podía derruir la realidad, el sentido, el mundo entero de ciudades y personas que jamás se imaginaron que vivirían para ver sus calles llenas de muertos.

Las expresiones como *desaparecer, cuerpo cortado, perder la cabeza* o *fosa común* jamás volvieron a significar lo mismo que antes. El lenguaje trastocado por una violencia que arrasa todo a su paso. Cómo volver a decir *quisiera desaparecer*, cuando antes de la guerra solía ser un deseo genuino y válido de un exilio voluntario y momentáneo, cuando antes de la guerra no habíamos visto la verdadera faz del vocablo desaparecer.

Desaparecer del cuerpo y del lenguaje, una ausencia doble, porque como la gente no sabía qué hacer con las palabras optó, apabullada por el miedo, por dejar de proferirlas. *No hablemos de cosas feas*, decían, *ya no hablemos de eso*, como si a través del lenguaje uno

---

[1] Término usado por Ileana Diéguez para referirse a las puestas en escena realizadas por el crimen organizado con la finalidad de infundir terror.

pudiera conjurar el infortunio, la muerte y la maldad; como si al omitirlo pudiésemos alterar el curso de los hechos y deshacerlos. Hablar de *eso*, de la que ahora podemos llamar *guerra* y que entonces, a principios de ésta, sólo podía ser denominada como *eso*, tenía el peso de una invocación: por eso la gente bajaba la voz, murmuraba, para que nadie escuchara; por eso la vida y las palabras usadas para narrarla solían excluir *eso* del discurso oficial y de a pie.

De ahí que en el verano del 2010, para un recital de poesía en el puerto de Tampico, Marco Antonio Huerta y yo planeáramos leer poemas que hablaban sobre otro país, sobre otros escenarios, sobre un estado de las cosas ajeno a lo que pasaba en nuestras calles. Quince días antes de la lectura, a las afueras de Ciudad Victoria, asesinaron al candidato priista a la gubernatura del estado, Rodolfo Torre Cantú. Su muerte fue un parteaguas que nos dejó inmóviles, patidifusos, desamparados: en la vulnerabilidad más íntima y contundente.

Si habían matado a un candidato priista a gobernador, con toda su seguridad y protección, con todo el peso de su poder, no habría, de ahí en adelante, seguridad alguna para nadie. Todos podíamos morir a manos del crimen organizado (o de las fuerzas armadas de la nación, lo sabríamos tiempo después) en cualquier momento. Lo puedo ver ahora con claridad: el Estado murió junto con Torre Cantú. Al borde de la carretera, ese pantalón caqui ensangrentado sobre el asfalto que recuerdo de las fotografías era también el Estado yerto, avasallado, sin pulso para latir como lo habíamos concebido hasta entonces, como la institución pública a quien entregamos y confiamos nuestra seguridad y nuestras vidas.

"Tamaulipas es un estado disfuncional", "Tamaulipas se incendió", "Tamaulipas está a la deriva", "Tamaulipas se estaba pudriendo", eso fue lo que escribió Raymundo Riva Palacio en su columna "Estrictamente personal" y lo que me hizo decidir que no podía ir a ese recital a leer mis poemas que ahora puedo denominar *de antes de la guerra*, de antes de que la guerra trastocara el lenguaje, mi lenguaje, mi escritura. A cuatro manos y a bocajarro, Marco Antonio Huerta y yo emprendimos una escritura de manera expresa para el evento en ciernes; una escritura que diera cuenta de lo que acababa de ocurrir, de la zanja, de la pérdida, del boquete abierto, de la herida punzante, de que nuestro estado se nos estaba pudriendo. De ahí surgió *Magnitud*, un artefacto poético entramado como un díptico posconceptual que, manipulando textos de Wikipedia e internet, alterna un discurso sobre los magnicidios en el país y sobre las moscas, quienes suelen acudir en pos de la descomposición.

Fue muy poca cosa haber cambiado mis poemas bien portados por un texto que tenía mucho más de deriva, de pregunta, de grito, de zozobra. Un gesto apenas esbozado en un rostro impávido frente a la catástrofe. Pero fue justo ese leve ademán, ese imperceptible movimiento, la fisura en mi lenguaje. La pequeña grieta que se revela años después como originadora del derrumbe. Un resquicio por donde se coló, sí, la violencia, sí, el horror, sí, el miedo, sí, la desesperanza, la angustia, la desazón, pero también el otro, el cuerpo del otro, la palabra sobre el cuerpo del otro, la escritura con el otro, el cuidado y el dolor acerca de la ausencia del otro; y a través de esa mirada hacia afuera, la refracción hacia lo propio: saber que el cuerpo ausente del otro me concierne, saber que los cuerpos que desaparecen y aparecen son también mi cuerpo, que mi cuerpo está atravesado ya, de manera irreversible, por esta guerra que —a más de 10 años y a pesar de la declaratoria del presidente Andrés Manuel López Obrador de enero de 2019 acerca de que "no hay guerra", de que "oficialmente no hay guerra"— aún nos asola.

El propio cuerpo en el cuerpo del otro

Empecé a pensar en los cuerpos de los desaparecidos y en la relación de éstos con mi cuerpo tras el descubrimiento de las fosas de San Fernando, Tamaulipas, el 6 de abril de 2011. Comencé a imaginar mi cuerpo en una de las planchas de la morgue: apilado de forma descuidada con otros cuerpos similares al mío a manera de escombro, abandonado, fragmentado, esparcido, desfigurado, disuelto. Imposible de reconocer.

Poco a poco fue más frecuente vislumbrar mi cuerpo como algo desarmable, desmontable, desarticulable. Algo que podía ser tratado como desecho: algo cuyo destino es la borradura, el silencio, la invisibilidad. O bien como un signo, un mensaje cuya función es provocar el horror en el cuerpo del otro a través de la efímera e inolvidable espectacularidad de una corporeidad vulnerada y exhibida en un sitio público; la contundencia de una amenaza que te dice: este cuerpo maniatado, torturado, sin vida, podría ser el tuyo.

Franco Berardi sostiene que la ética consiste en entender el cuerpo del otro como una extensión de tu cuerpo, en comprender que lo que le ocurre al otro te ocurre a ti y viceversa: en "la percepción de la continuidad sensible del propio cuerpo en el cuerpo del otro". Durante la investigación para la escritura de *Antígona González*,[2] Claudia Castañeda me acercó al trabajo de *Menos días aquí*, un proyecto digital de conteo de muertos por violencia en México. Claudia fue voluntaria para llevar este registro extraoficial ciudadano de los decesos violentos justamente la semana en que se anunció el hallazgo de las fosas de San Fernando. Fue en ese periodo que pude percatarme, mediante su labor, de cómo el cuerpo muerto de esos otros desconocidos se convertía en un cuerpo propio al cual los voluntarios cuidaban y arropaban con palabras.

Para *Menos días aquí* todo en esta minuciosa y dolorosa tarea de contar muertos tiene que ver con los cuerpos, con la ausencia y con el lenguaje. Se trata de integrar y asentar de manera sucinta en el caso de las entradas del blog y, con una brevedad quirúrgica, en el caso de los tuits: el lugar, las circunstancias y características en que ha ocurrido un homicidio, una ejecución. Se trata de la forma en que ha sido hallado un cuerpo sin vida. Se trata de las señas particulares, del tipo de ropa, de los tatuajes, de las cicatrices, de si la víctima llevaba zapatos o iba descalza, de la complexión, de la tez, de todo lo que acompaña o ha abandonado a cada una de esas personas que, en muchos de los casos, permanecen en calidad de desconocidas. Se trata de construir con palabras un sitio para la memoria. Se trata, en efecto, de nombrar los vacíos para hacerlos visibles.

Así, durante esa semana seguí de cerca un proceso que implica indagar y archivar lo ausente: ver una y otra vez fotografías de

---

[2] Sara Uribe, *Antígona González*, Sur+ Ediciones, Oaxaca, 2012. Disponible en: <https://docs.google.com/file/d/0B1qqfuLFW0qeT2RLLXJHQXAtenc/edit?pli=1>.

cuerpos ensangrentados, mutilados, desollados, saqueados de sí, cosificados, expuestos. Abiertos a la abyección. Recuerdo particularmente el cuerpo de una mujer que fue encontrado en una banqueta, junto a un árbol, boca abajo, en una desnudez absoluta, con un cartel y una rosa en la espalda. Recuerdo su cuerpo, fraccionado de manera impecable en cada una de sus articulaciones: cuello, hombros, codos, muñecas, caderas, ingles, rodillas, tobillos. Un montaje de pulcritud espeluznante.

Las fotografías mostraban el cuerpo en el sitio donde fue localizado y luego, en la morgue, sobre la plancha, la reproducción exacta de la forma en que fue seccionado y colocado para su descubrimiento. Sin saber su nombre pensé entonces, y sigo pensando ahora, con obsesión en esa mujer desconocida. Puedo ver aún la imagen de su cuerpo desarmado y rearmado. Me acompañará para siempre. Lo imagino con vida, insuflado de tibieza, abrigado por cuerpos que alguna vez amó y la amaron.

* * *

Nunca pensé en mí misma como alguien capaz de hacerse un tatuaje o de comprar anillos de compromiso. Lo primero me pareció siempre demasiado doloroso e irreversible y lo segundo demasiado cursi e innecesario. Lo cierto es que soy una persona falible que se desdice todo el tiempo. En la primavera de 2015, luego de dos años de relación a distancia con Julia (ella vivía en el entonces Distrito Federal y yo en Ciudad Victoria, Tamaulipas), decidimos recorrer juntas las joyerías del centro histórico del DF en busca de un par de anillos, o tal vez un anillo y una pulsera, a manera de *regalo amoroso*, según lo entiende Barthes en *Fragmentos de un discurso amoroso*.

Nuestro recorrido fue tan en vano que optamos por abandonar la idea de los anillos. En su lugar, para el verano de ese mismo año, decidimos hacernos un tatuaje juntas. Se trataba de dibujos muy sencillos: un planeta y un cohete, uno para cada una. Elegí el cohete y el dorso de mi brazo izquierdo, un poco más abajo de la muñeca. Tuve miedo todo el tiempo antes de llegar con el tatuador; la idea de, por elección propia, infligirle dolor a mi cuerpo me resultaba perturbadora. Sin embargo, lo deseaba, estaba completamente segura de que lo deseaba. Fue precisamente esa certeza la que me hizo llegar frente a la tinta y las agujas.

Una vez iniciado el proceso, el miedo fue sustituido por la contundencia del dolor, por la certidumbre de mi corporeidad apostada por completo en cada una de las milimétricas zonas de mi piel que eran atravesadas. Una de mis manos estaba unida a una de las manos de Julia, la otra reposaba boca arriba, sobre una superficie acolchonada mientras el tatuador, a unos centímetros de ésta, manipulaba sus instrumentos. En la misma habitación había un hombre haciéndose un tatuaje enorme sobre toda la superficie de su antebrazo; sin pensarlo mucho, comencé a concentrarme en lo que dibujaban en su cuerpo para no estar demasiado atenta a lo que ocurría con el mío.

Fue entonces cuando la idea vino a mí. Soy inexacta. No se trataba de una idea, fue más bien un golpe compacto en la boca del estómago. Como si un puño invisible surgiera, ya con impulso, a una distancia íntima de mí y se entregara sin pudor a una colisión sorda, inequívoca. Entonces lo supe: si un día yo desapareciera, para luego aparecer, como todos esos cuerpos que había visto a lo largo de los años de la guerra, como la mujer desconocida desarmada y rearmada, Julia tendría algo con qué identificar mi cuerpo, podría decir: Sara tiene un cohete en el dorso de su brazo izquierdo, un poco más abajo de la altura de la muñeca.

Me pregunté entonces, y lo sigo haciendo ahora, si inconscientemente elegí hacerme un tatuaje por amor o por miedo. Miedo a que mi cuerpo se pierda/se pudra en el anonimato de una multitud de cadáveres desconocidos. Miedo a la borradura total: la desaparición no sólo del cuerpo, sino de la identidad, de la narratividad de la historia. Miedo a que mi cuerpo muerto sea irreconocible, a que no quede nada de mi yo, de mi memoria, de mi vida. Miedo a ser una mujer muerta en el recuerdo, en la obsesión, de alguien que ha visto mi cuerpo desnudo y muerto y desmembrado, pero ignora mi nombre.

No fui capaz de contarle a Julia lo que me pasó mientras me tatuaban. Me parecía muy doloroso que algo tan triste, algo ligado a un temor tan profundo y enraizado, algo cercano a una suerte de *horror vacui* corporal, estuviera unido de una manera compleja e indisoluble a nuestro *regalo amoroso*. Ni siquiera pude verbalizarlo con alguien más. No fue sino hasta noviembre de 2016, cuando tenía apenas unas semanas de haberme mudado de Tamaulipas a la Ciudad de México que finalmente logré, de manera inesperada, compartirlo.

Ocurrió durante la presentación de *Nadie les pidió perdón* de Daniela Rea en La Gozadera, el 4 de noviembre de 2016. Sentadas en el suelo y formando un círculo: las presentadoras, la autora y las asistentes hablábamos, entre otras muertes, de las de la guerra. Compartíamos cómo la violencia se cuela incluso en nuestras habitaciones, en nuestras camas, en nuestras decisiones más amorosas, más íntimas. Fue en ese contexto de comunidad doliente que sentí la necesidad de decirlo, de nombrarlo, de aceptar y asumir que la violencia extrema de la guerra, infligida sobre los cuerpos de los otros, se había infiltrado también, a modo de subtexto, en mi propio cuerpo. El miedo se había imbricado en algún punto ilocalizable, indefinible e irreversible con lo más amado, lo más mío, lo más vital de mi yo.

¿Una guerra invisibilizada desde el lenguaje?

¿En qué consiste la tarea de escribir cuando lo hacemos en el contexto de un país de ausencias? ¿Puede lograr algo la escritura frente a la desaparición de los cuerpos, frente al horror, frente al duelo? ¿Qué voy a hacer desde y con mi escritura para no ser parte de, como la denomina Cristina Rivera Garza, la *indolencia militante*, para encarar y encarnar en el lenguaje cada uno de nuestros muertos, cada uno de los huecos de todo lo perdido? ¿De qué manera mis palabras asentarán el hecho de que nuestro presente y nuestro futuro están irremediablemente dislocados por la guerra?

En marzo de 2010, en el pleno estallido de la violencia en Tamaulipas, hice un viaje por carretera de sur a norte en el estado. Santos Eduardo Reyes y yo salimos de Tampico rumbo a Nuevo Laredo, pasando por Ciudad Victoria, San Fernando, Matamoros,

Reynosa, Río Bravo y Miguel Alemán. En mis 14 años de vivir en Tamaulipas jamás me había alejado del puerto hacia el norte más allá de Ciudad Victoria. Las carreteras lucían aterradoramente solitarias, me eran desconocidas.

Nuestro itinerario duró una semana. El tramo más angustiante fue cruzar La Ribereña, donde un mes después de nuestro paso, el 3 de abril de 2010, el ejército mexicano dispararía contra la familia Almanza Salazar. Ahí serían asesinados Martín y Bryan Almanza de apenas 9 y 5 años de edad.

De las cosas que observé mientras miraba por la ventanilla, con miedo de ver algo que de lo que no debiera ser testigo, se me quedaron en la memoria los campos solos, los silos que lucían abandonados, pero sobre todo, los yonkes: esas enormes colecciones de chatarra y óxido apostadas en las afueras de Matamoros y Reynosa a manera de cementerios de metal. Siempre me he preguntado cuál es la finalidad de acumular todas esas piezas inservibles de automóviles siniestrados que jamás volverán a ser usadas. Siempre he tenido una fascinación por lo irremediablemente arruinado, por lo averiado, por lo que una vez descompuesto no tiene modo o forma alguna de retornar a ser lo que un día fue.

La imagen de estos archivos o bibliotecas de la herrumbre me pareció y me sigue pareciendo fascinante. Sin embargo, no se trataba sólo de una experiencia estética, la visión de estos lugares, denominados de manera genérica "autopartes", me provocó una sensación que entonces no fui capaz de identificar ni definir. Algo parecido a la falta de aire, al sofoco, al ahogo. O más bien a la sensación de tener la garganta seca, de carraspear, de no conseguir que la voz y las palabras salieran de mi garganta. O quizá, mejor dicho, a la certeza de que esos despojos, de que esos restos desahuciados, de que toda esa basura inerme intentaba decirme algo que tenía que ver conmigo, con mi cuerpo, con mi lenguaje.

No sería sino hasta tres años después que entendería el idioma del desecho: lo que no se nombra no existe. En 2013, la presidencia de la nación, recién asumida por Enrique Peña Nieto, hizo un significativo giro en sus pronunciamientos: la guerra contra el crimen organizado, impulsada por el expresidente Felipe Calderón Hinojosa, fue borrada de tajo del discurso oficial dando lugar a la, también fallida, guerra contra el hambre. Lo que no se nombra no existe. Nuestro país dejó, de un día para otro, en la retórica estatal, de estar en guerra contra el narco. Nuestro país preparaba discursivamente su milicia, sus armas y sus huestes contra un enemigo más loable y edificante, más factible de vencer: el hambre. Se trataba de una guerra "benigna", que pretendía ser vista con buenos ojos, ¿o acaso no es alimentar al hambriento una de las obras de misericordia del cristianismo?

Los primeros meses de 2013, mientras leía los boletines de prensa, no pude evitar evocar un documental sobre Chernóbil que daba cuenta del momento histórico en que la Unión Soviética le declaró, literalmente, la guerra a la radioactividad. Declararle la guerra al hambre era tan impensable como proferirla en contra de la radiación. En el discurso presidencial de Peña Nieto en 2013 dejamos de ser un país en guerra. Dejamos de estarlo en el momento en que los redactores de presidencia cambiaron la palabra crimen por la palabra hambre. Y así, como en un pase mágico, la guerra desapareció y con ella muchas de las notas sobre las muertes violentas relacionadas con el quehacer tanto del narco como del ejército mexicano, las cuales dejaron de tener relevancia o de estar enmarcadas en un proceso bélico de carácter nacional.

Lo verdaderamente inquietante es que no haya sido suficiente que un presidente negara de manera oblicua la situación de guerra en nuestro país, sino que a seis años del artilugio retórico de Peña, otro presidente: López Obrador, haya tenido que reiterarlo. Si en el discurso ya no éramos un país en guerra, ¿por qué pronunciarse nuevamente para negar categóricamente tal estado de cosas? ¿Por qué iniciar su mandato erigiendo en el imaginario nacional el huachicol, una actividad ilícita ligada al narcotráfico, como el enemigo público número uno? ¿Por qué después de Calderón, durante dos inicios de sexenio, ha sido necesario para el relato presidencial desmentir discursivamente la guerra?

¿Una guerra invisibilizada desde el lenguaje? Sí, porque la guerra también es algo que se administra, que se redacta, que se escribe. Porque cada orden de compra y cada factura de armamento y suministros de la Sedena, cada expediente falso armado para inculpar a una persona inocente, cada registro hospitalario que da cuenta de los ingresos de personas heridas en enfrentamientos o por balas perdidas, cada reporte de los soldados o marinos tras finalizar la misión asignada, cada manta o cartulina amenazante, cada memorándum emitido en ignotas oficinas burocráticas, cada noticia difundida en los periódicos, en internet, por radio o televisión es, en efecto y también, el lenguaje de la guerra.

* * *

Comencé a escribir *Autopartes* a finales de 2013. En este proyecto la nota roja, como materia prima de la curaduría escritural, constituye en sí misma un yonke lingüístico, semántico y ontológico —atendiendo a la noción heideggeriana sobre el lenguaje como la casa del ser— en el que se va amontonando cada una de las palabras que refieren a las muertes violentas que acontecen día a día en nuestro país. La nota roja es un yonke. Una vez leída la información, una vez que ha dejado de ser primicia, cada una de esas frases que construyen una narrativa sobre los cuerpos de las víctimas deja de tener una utilidad. Las palabras se convierten en chatarra semántica, en escombro del lenguaje.

Las notas periodísticas sobre hombres y mujeres hallados muertos en bolsas de plástico, contenedores o terrenos baldíos; sobre cuerpos desmembrados, amontonadas sus partes unas sobre otras; sobre cadáveres sin nombre, que posiblemente jamás serán identificados y se extraviarán en el anonimato. Los textos circulando en la red cual yonke virtual en el que las oraciones y las palabras pierden su vigencia por la naturaleza ínsita de su ser: la efimeridad, la instantaneidad del ahora en que son noticia. Todo este lenguaje usado y descartado configuraba un repositorio a partir del cual me propuse un proceso escritural que reutilizara este residuo textual, así como el sentido histórico implícito en las noticias entendidas como un registro de los hechos violentos del presente.

La alegoría de las autopartes va de las palabras a los cuerpos en sí mismos. Porque ¿qué son las fosas si no una suerte de yonkes corpóreos? Los cuerpos fragmentados y fragmentarios, la acumulación de todas sus partes abandonadas en carreteras, en maletas, en cobijas, en bodegas o páramos son un índice de la desarticulación, un inventario de la ruptura, de la dislocación corporal. El acopio de todos esos cuerpos —que en manos de quien les otorga ese tratamiento oprobioso no son sino desechos, piezas que ya no sirven para nada, pero que, no obstante, hay que almacenar en algún sitio— está formulado a partir del mecanismo de la lógica y la violencia capitalista de la que habla Zizek: consumo-desecho-acumulamiento.

La imagen de los yonkes y su propia naturaleza de fragmentación y abandono me llevó a conceptualizarlos como alegoría de los cuerpos rotos y apilados producto de la guerra en nuestro país. Los poemas de *Autopartes* están conformados íntegramente por recortes textuales de nota roja, un lenguaje que luego de la inmediatez noticiosa se acumula como archivo del desastre. En este proceso, las palabras, las fracciones o unidades de sentido son objetos-piezas-autopartes usadas en una curaduría semántica. Se trata de editar o posproducir un lenguaje desarmado/desarticulado, de resemantizar los fragmentos de lenguaje que aluden a los fragmentos corpóreos y configurar un nuevo cuerpo/vehículo/poema.

La escritura de *Autopartes,* en un país donde la cantidad de muertos, desaparecidos y huérfanos a causa de la violencia seguía en aumento, se sustentaba en la idea de una poesía que pusiera en entredicho el orden, una poesía que cuestionara el *statu quo* a través de una densidad que planteara más interrogantes que respuestas. Una poesía cuya escritura no sea lineal y transparente sino "prismática, intrincada, turbulenta y densa", adjetivos todos con los que se refiere José Kozer a la poesía neobarroca. Una poesía donde no predomine un yo lírico sagrado y aséptico, sino más bien "una configuración de muchas voces, polifónicas, corales".

Parafraseando a Kozer: una poesía que no le tema al desecho, al detritus o a la basura, una poesía que nunca presente la realidad en blanco y negro, que se mueva zigzagueante y vertiginosa, basada en los disparos del presente; una clase de zigzagueo y vértigo acordes con los tiempos que vivimos. Es en este sentido que opté por la pertinencia de dialogar con el neobarroco y cobijar la escritura de *Autopartes* a la influencia referencial de José Kozer y de Leónidas Lamborghini.

    Opté por la poesía como un sitio de registro, un lugar donde la memoria reverbere, una forma de nombramiento oblicuo. Opté por la alegoría como vía ondulante y sesgada contra el silencio y el olvido. Opté, sí, por seguir hablando de la guerra, de los daños y las heridas de la guerra, de todos los vacíos a causa de la guerra. Porque es importante decirlo en nuestro ahora: en el presente. Es urgente nombrar a nuestros muertos también desde la poesía. Elegí seguir repitiendo una y otra vez lo invisible en el discurso oficial: que mi país sigue en guerra. Porque, como afirma Josefina Ludmer, a través de la escritura fabricamos presente, y yo no puedo ni quiero fabricar un presente que omita el dolor y la ausencia de los otros. Quiero producir un presente que relate que aquí sigue pasando la guerra.

Respirar y seguir

Mi padre se fue de casa cuando yo tenía 6 años. Lo volví a ver en el funeral de mi madre y una última vez, tres años después, cuando se estaba jubilando. Fue a buscarnos a mi hermana y a mí a Ciudad Valles para obtener un papeleo que le permitiría recibir una pensión un poco mayor, en el entendido de que tenía dos hijas de las cuales debía hacerse cargo, pero a las que, después de esa ocasión, nunca volvió a ver. Mi terapeuta me ha explicado que en la mente de un niño, una muerte o una ausencia elegida es leída como abandono. Da lo mismo si la partida fue voluntaria o no, la mente la interpreta como lo que es: una presencia que ya no está, el hecho incontrovertible de que alguien nos ha dejado solos.

    Me he dedicado a huir gran parte de mi vida. De ciudades, de amigos, de mis parientes, de mis parejas, de mis exparejas, de empleos, de casas. De mí misma. He abandonado y quemado naves a diestra y siniestra sin remordimiento alguno. Aun ahora, después de años de terapia, con frecuencia me sigue asaltando la tentación de la huida. El mecanismo es simple, el resorte que está detrás del impulso fugitivo es la necesidad de irse antes de que el otro o lo otro se marche: abandonar a causa del pavor que te produce la idea de que vuelvan a abandonarte.

* * *

2009, 2010 y 2011 fueron los años de la violencia más cruda y más visible que vivimos en Tamaulipas. Balaceras, ejecuciones, granadazos, descabezados, colgados en los puentes, tableados, secuestros de autobuses, cobro de derecho de piso, toques de queda extraoficiales que dejaban literalmente desiertas las calles, coches-bomba, levantones, persecuciones con hombres armados en tiendas de autoservicio, incendios provocados, bloqueos, ciudades sitiadas, masacres, fosas: el horror nos estalló en la cara sin que pudiéramos hacer nada.

Durante estos años en Tamaulipas muchas casas y negocios empezaron a quedarse vacías. El éxodo de familias y comunidades enteras ocurrió en silencio, a hurtadillas. Pienso, por ejemplo, en Mier, en Comales. Pienso en ciudades solas. Pienso también en una mujer mayor que conocí en un autobús con rumbo a Monterrey; me contó cómo ella, su esposo y sus hijos habían tenido que abandonarlo todo: su negocio de tacos, su casa y a sus parientes. Le secuestraron a su marido, al que afortunadamente, tras pagar el rescate, logró recuperar. Se quedaron sin un peso y tuvieron que huir a Nuevo León. "Pero nomás no me hallo —me dijo—, me la paso llorando todos los días. Mi marido ya no es el mismo, sólo se sienta frente al televisor y no me habla. Extraño mi casa, mi ciudad, mi familia." Pienso en personas solas.

* * *

Viví de 2011 a 2016 en Ciudad Victoria, Tamaulipas, y en ese tiempo trabajé en el Instituto Tamaulipeco para la Cultura y las Artes. Parte de mis labores consistía en diseñar y ejecutar proyectos y acciones para reconstruir el deteriorado tejido social. Algunas de las actividades tenían que ver con organizar conferencias, presentaciones de libros y talleres formativos. Había que contactar arquitectos, antropólogos, sociólogos, arqueólogos, historiadores, escritores, museógrafos y demás expertos en temas de arte, cultura y gestión cultural. Al paso del tiempo, mis compañeras de trabajo del área de Patrimonio Cultural e Histórico, Claudia Castañeda, Aidé Piña, y yo aprendimos a reconocer cuando alguien que invitábamos no aceptaba ir a Tamaulipas, arguyendo todo tipo de pretextos, por miedo, por el temor a la exposición que significaba visitar el territorio en el que vivíamos.

Nunca desestimamos el miedo de nadie. Jamás mentimos al respecto de lo que ocurría en nuestra entidad. Si alguien nos cuestionaba acerca de cómo estaba la situación de la violencia, le decíamos la verdad. No se trataba de llevar a nadie con engaños. Hubo quien, a pesar de todo, decidió ir a Tamaulipas a entablar un diálogo, a impartir un curso, a caminar nuestras aceras. Hubo quien no. Respetamos cada negativa porque el temor del otro es algo totalmente válido. Entendimos que en la mayoría de los casos las personas no fueran capaces de verbalizar su miedo, de asumirlo, y prefirieran, en todo caso, darnos excusas. Y al mismo tiempo nos preguntamos con frecuencia qué hubiera pasado si nadie hubiera querido ir a nuestro estado.

* * *

¿Por qué simplemente no se van? Ésa era la pregunta lanzada desde el afuera hacia el adentro de Tamaulipas. Me pregunté muchas veces por qué no me iba. Me pregunto ahora por qué tardé tanto en irme. La respuesta fácil sería decir que porque allá tenía un trabajo, pero ya había abandonado antes trabajos y ciudades de un día para otro. No se trataba tampoco, como algunos dicen, de que los tamaulipecos nos hubiéramos acostumbrado a la violencia. No, lo he dicho muchas veces y lo repito ahora: una cosa es adaptarse y otra es acostumbrarse. Yo jamás me acostumbré a la violencia de la guerra. No creo que nadie pueda acostumbrarse a la violencia de una guerra. Lo otro es más bien sobrevivencia. *Respirar y seguir*, como ha escrito Rosa Montero.

La respuesta real es que no me sentía lista para dejar Tamaulipas. Pensaba que irme era abandonar, yo también, una entidad de por sí dejada en muchos sentidos a su suerte. No porque yo pudiera hacer nada verdaderamente significativo a favor de ésta ni con mis palabras ni con mis acciones, sino porque irme era para mí lo más sencillo, lo que siempre había hecho. Porque vivir y escribir en y desde Tamaulipas era un manifiesto, una declaración de principios. Era gritar: sí, aquí sigue pasando la guerra, pero aquí también seguimos nosotros, edificando nuestra vida, nuestras ciudades, levantándonos a trabajar y haciendo lo mejor que podemos para que nuestras calles y casas y comercios no devengan ruinas. Porque quedarme era habitar y construir y pensar desde un territorio que no permitiríamos que nos fuese arrebatado. Porque permanecer era mi manera de resistir.

* * *

Desde principios de 2016 supe que el día de irme de Tamaulipas estaba cerca. Julia y yo comenzamos a planear nuestras mudanzas: la de ella, hacia el departamento en el que vivimos durante nuestra relación; la mía, de Ciudad Victoria, al ex Distrito Federal. ¿Cómo se prepara una para marcharse del lugar en el que ha vivido dos décadas?

Las últimas semanas, días y horas fueron en las que más miedo tuve. Me sentía extremadamente vulnerable al salir a la calle. Tenía pesadillas y aun despierta me obsesionaba la idea de que justo en ese preciso momento de mi vida, cuando estaba a punto de mudarme, algo me pasara: una bala perdida, un secuestro, una ejecución. Me angustiaba la posibilidad de morir o desaparecer y que lo que se dijera de mí fuera: *pobre, estaba a punto de marcharse, de ser feliz y no lo pudo lograr.* Me aterraba la posibilidad de que no hubiese un futuro para mí.

No quise confiarle esto a Julia para no preocuparla o entristecerla y más bien me dediqué a guardar mi vida en cajas. Metí a mi gato Boris en una transportadora y nos subimos juntos a un avión que nos trajo a nuestra nueva ciudad. Julia fue por nosotros al aeropuerto y esa noche y los días siguientes todo se sintió como estar de visita, como algo momentáneo, irreal.

La sensación de extrañeza me acompañó mientras aprendía a andar en metro, mientras me hacía asidua al mercado de San Pedro de los Pinos, mientras conocía por primera vez la Biblioteca Vasconcelos, mientras caminaba la ciudad como la forastera que aún soy, que aún me considero aquí. No fue sino tres semanas después de mi llegada que me di cuenta de dónde provenía esa sombra, ese resquemor, ese desasosiego apenas anunciado.

Una tarde recordé que cuando Marco Antonio Huerta emigró de Tamaulipas a San Diego en 2014 yo pensé en lo afortunado que era: *Marco ya se salvó, Marco ya vivió para contarlo, para decir: sobreviví la guerra en Tamaulipas*. En el momento que la idea apareció en mi mente, es decir, la certeza de que yo también me había salvado, de que yo también había vivido para contarlo: de que yo también había sobrevivido la guerra en Tamaulipas, me sobrevino la culpa. Culpa por el privilegio de haber salido inerme de la violencia que asola al que yo he asumido como mi estado, a pesar de haber nacido en Querétaro. Culpa porque mientras yo estoy ahora acá, viviendo una vida cómoda y tranquila, sin la zozobra ni la incertidumbre del campo minado, los tamaulipecos siguen allá, a merced de la guerra. Me siento, como nunca antes, culpable por haberme ido y por estar a salvo y por sentirme tan bien de saberme a salvo.

* * *

Ya no escribo geográficamente desde el norte y teclear esto, asumirlo, me duele, me descoloca: desequilibra mi identidad norteña.

* * *

¿De verdad soy la sobreviviente de una guerra? ¿Tengo derecho a sentirme culpable, a saberme a salvo, a, de hecho, salvarme? ¿Cómo voy a seguir escribiendo sobre la guerra ahora que la observo desde fuera? ¿Voy, en efecto, a publicar *Autopartes*?

* * *

No recordaba lo bien que se siente salir a la calle sin miedo, llegar tarde a casa sin miedo, hacer mi vida sin miedo.

* * *

He decidido que no quiero que me entierren en una fosa común. Planeo hacerme más tatuajes. Vine a vivir a la Ciudad de México por amor. Deseo escribir con el cuerpo: con el mío y con el de los demás. No voy a huir esta vez, ni siquiera de la culpa de estar viva: la voy a mirar a los ojos y voy a respirar y seguir.

Escuchar.
Querer saber, querer entender desde lo profundo a la otra persona.
Poner atención, corazón, cuerpo para ella. Querer comprenderle —más allá
de mis propias necesidades— en su existencia, en su sentir. Responder a eso.
Preocuparse y ocuparse por la persona. Acercarse con respeto, con humildad,
con honestidad y sin prejuicios. Escuchar puede ser un proceso de solidaridad, de
acompañamiento, de construcción. Es, siempre, un acto político.

¿Puedes ver a un niño y pensar que no hay futuro?

Por Daniela Rea

María y las palabras

Soy María Torres, maestra de inglés en preescolar y primaria en Culiacán. Tengo 35 años y crecí en el Estado de México pero luego me vine a vivir al norte. En el 2010 entré a trabajar a un kínder y el tema común de los niños era el de los narcos.

Un día intervine en una pelea entre dos niños que discutían por un borrador. Uno de ellos tomó una vara y se la quiso enterrar en el estómago al otro. Se la quité y la aventé. El niño me gritó groserías y dijo: "Le voy a decir a mi papá que la mate. Yo tengo ocho papás y le van a venir a hacer algo". Le dije que los llamara, que no tenía miedo —yo antes no tenía miedo— y al día siguiente llegó la mamá. Dijo que era prostituta y que salía con esos ocho hombres a los que el niño les decía papás. Uno de ellos tenía un cargo importante en el narco.

En el recreo me sentaba a observarlos y uno jugaba a ser del grupo del Mayo, otro, del Chapo. Jugaban a los balazos, a las metrallas. Yo observaba y les preguntaba a las maestras que tenían más tiempo en la escuela por qué hacían eso. Me decían que era por cultura, que todos tienen a alguien *ahí*.

De esos juegos los niños pasaron a decir "Te voy a matar", "Te voy a descuartizar". Como cuando uno de niño en la primaria decía "Te voy a acusar con la maestra", pues ahora ellos dicen "Te voy a descuartizar". Los niños no entienden el alcance de las palabras.

"Te voy a decapitar, a quemar, a matar, a desangrar" son palabras muy fuertes para niños tan pequeños, de 5 o 6 años.

Las palabras que no debimos aprender

En el libro *Infancia en dictadura*, que reúne escritos, dibujos, cartas y diarios realizados por niños bajo el régimen de Augusto Pinochet, Patricia Castillo recopila las "palabras que nunca debimos aprender": Asesinado. Allanado. Degollado. Desaparecido. Ejecutado. Exiliado. Quemado. Preso político.

Palabras que fueron incorporadas en el vocabulario infantil y que atestiguan (siguen haciéndolo) la forma en que la violencia trazó un mundo para niños y niñas, para adultos, para todas y todos, no sólo quienes han sido tradicionalmente identificados como víctimas. El poder de estas palabras, escribe Patricia, está en su convocatoria al miedo, a la maldición.

Retomo ese ejercicio para adaptarlo a las palabras que nunca debimos aprender en México: Levantar. Encobijar. Descuartizar. Decapitar. Desollar. Enterrar. Calcinar. Cocinar. Desintegrar. Desaparecer.

Sandra y la violencia

Tengo 46 años, soy Sandra. Aquí la violencia comenzó ya hace mucho tiempo. Me acuerdo que mataron a un policía en la caseta de la colonia, lo asesinaron en la esquina, en la parte baja de la colonia. La persona que lo agredió se refugió en uno de los domicilios y tomó a una familia como rehenes. En ese momento sentí que ya todo sería distinto, que no habría espacio de paz. No recuerdo la fecha exacta pero estamos hablando de hace 20 años.

Para nosotros, en Sinaloa, la guerra empezó antes que para todo el país pero antes no nos preocupábamos mucho porque quienes se agredían eran los mismos grupos delictivos, allá en la orilla de la ciudad. Pero empezaron a generalizarse en cualquier lugar y a cualquier hora. De 10 años para acá, lo que ustedes vieron en el resto del país fue ya el resultado de lo que nosotros veníamos viendo desde antes. Cuando vi que la violencia explotó por todos lados sentí cierto alivio porque eso hizo que mucha gente hiciera estudios para saber qué estaba pasando, dónde, cómo nos estaba afectando. De alguna forma siento que hay más gente mirando, analizando la situación y que podemos tener más gente pensando para tener una mejoría. Acá la gente ya era inmune, ya no sentíamos nada.

¿Qué es la violencia? Es muchas cosas. Es la que vemos en la calle, la de los grupos de crimen organizado, la que vivimos en la casa. ¿Cuál fue el momento más violento que me ha tocado ver? Mmm. Yo he sobrevivido de primera mano a la violencia en mi familia. Un pariente abusó sexualmente de mí cuando era niña, así crecí. Luego llegó el momento en que sentí que estaba sumamente en peligro y salí corriendo de la casa y hablé a la policía y vinieron por él. Levanté demanda, me llevaron a un centro de atención a víctimas de violencia intrafamiliar y empezó un proceso legal, psicológico. Son muchas, muchas violencias las que vivimos.

¿Es posible identificar el origen de la violencia?

Entre 2016 y 2019 platiqué con seis maestras de Culiacán y de Iztapalapa. Las busqué porque quienes integramos la Red de Periodistas de a Pie queríamos saber cómo se enseña a un niño, a una niña en un contexto de violencia. ¿Cómo se les acompaña cuando una misma tiene miedo? ¿Qué se les dice para equilibrar temores y cuidados? ¿Cómo se alientan los sueños? ¿Existen todavía sueños?

Hablé con maestras que trabajan en escuelas públicas y privadas; en preescolar, primaria, secundaria y preparatoria; en ciudades con altos índices o percepciones de violencia.[1]

Escuchando a Sandra y el relato de abuso en su familia, escuchando a las mujeres, nos dimos cuenta de que la violencia tiene un origen

---

[1] Iztapalapa, después de Cuauhtémoc, es la segunda delegación de la capital donde se registró el mayor número de carpetas de investigación iniciadas por delitos durante el 2018; en Iztapalapa, 20% de los delitos denunciados fue de alto impacto como homicidio, secuestro, violación sexual, según datos de la Procuraduría General de Justicia de la Ciudad de México. Culiacán, ciudad donde habita una tercera parte de la población de Sinaloa, concentra 42% de los delitos cometidos en ese estado y 72% de sus habitantes se siente en riesgo, según datos de la Secretaría de Seguridad Pública estatal.

difuso y difícil de ubicar en el tiempo. Que la violencia en el cuerpo de las mujeres no tiene un afuera y un adentro, un origen definido, aún menos un lugar estable. La violencia se mete por puertas y ventanas. Entra en nuestras casas, en nuestras habitaciones, en nuestros cuerpos.

Martha y el miedo

Soy Martha, soy maestra en una telesecundaria en una comunidad rural de Sinaloa. Tengo un grupo de 15 alumnos. Antes estaba en educación inicial en el Consejo Nacional de Fomento Educativo (Conafe) y trabajábamos en lugares lejanos. Mucha violencia, a veces no salíamos a supervisar porque nos exponíamos a muchas cosas como violaciones y asaltos a mano armada.

En el 2012 la violencia en la sierra era muy fuerte. Toda una comunidad se tuvo que bajar: el personal de maestros, enfermeras, porque el narco se agarró a balazos día y noche durante un mes. Mucha gente inocente fue a morir.

Ahora que soy maestra de los muchachos veo otras cosas, están en un dilema que no saben ni qué onda, tenemos alumnos no con buenas amistades, se han metido a la escuela y me han amenazado. Una vez fueron *plebes* de 13 a 16 años que no eran estudiantes: "Si usted se sigue metiendo en lo que queremos y nos pone a estudiar y a trabajar, va a amanecer amarrada, encintada en el canal". O sea, que ya no les hablara mal del narco. Y si me hubiera pasado algo, la gente hubiera dicho "Seguro en algo andaba, seguro estaba involucrada".

Muchos alumnos se han estado saliendo de la secundaria para ser puntero, narcomenudero, vendedor de mota. Este semestre uno se salió y se fue con el narco, el antepasado se salió otro. De los 14 que se graduaron en la primera generación sólo tres están estudiando preparatoria, los demás se fueron con el narco o andan de vagos. Cuando pasa eso pienso: "¿Qué estoy haciendo? No estoy funcionando como maestra". Pero a la vez intento que los *plebes* se quiten actitudes de pensar sólo en la violencia del narco, les hago pensar que pueden ser mejores, lo que quieran. De la tercera generación que se graduó hay 10 que siguen estudiando.

La verdad no me gusta ver noticias y la verdad también no me gusta salir de casa. La verdad, no. ¿Qué puedo hacer yo sola contra esa gente? ¿Qué puedo hacer? Hago mi trabajo, vengo a mi casa, me encierro. Al día siguiente voy a la escuela y me encierro. No me quiero meter, mi hijo se enoja: "Por eso México está como está", me dice, pero ni modo, yo quiero mucho a mi vida... ¿Contra quién voy a luchar? Es mi forma de pensar. No veo esperanza, contra el narco y el gobierno no se puede. Se trata de sobrevivir.

¿Cómo escuchar?

¿Qué hago con estas palabras que pronuncia Martha? ¿Las cuestiono? ¿Las ignoro? ¿Las confronto y argumento que sí, que sí se puede luchar, que si todos, si nosotros? ¿Tengo derecho a hacerlo, a decirle que luche, que siga? ¿Tenemos derecho nosotros que llegamos tarde a esta guerra?

Llegar tarde.

Como ahora a Culiacán, en 2011 llegué a Chihuahua. Era una de las periodistas que acompañaban la Caravana por la Paz con Justicia y Dignidad que encabezó el poeta Javier Sicilia. El activista Víctor Quintana nos recibió con unas palabras difíciles de olvidar: "Hace 10 años nosotros marchamos de Chihuahua a la Ciudad de México para advertirles que estaban matando a nuestras mujeres. Ahora ustedes vienen hasta acá para decirnos que nos están matando a todos".

¿Qué hacemos con las palabras de Martha? ¿Cómo las escuchamos? ¿Cómo argumentamos que sí, que sí se puede luchar, que si todos, si nosotros? ¿Cómo, con la escucha, podemos convocar un "sí"?

Mayra y el coraje

Soy Mayra, tengo 32 años y soy maestra en una preparatoria de Iztapalapa. ¿Cómo es aquí? Ésta es una de las zonas con más precariedad en el aspecto económico y con más bajo nivel escolar. También es una de las zonas con más violencia en la Ciudad de México y de las que más presos aporta a las cárceles.

Mis alumnos me cuentan: "A uno de mis amigos lo mataron, el otro huyó, entraron a casa de ellos en la tarde, estoy sacado de onda porque ambos eran mis amigos. No sé que sucedió". Otra de ellas me decía: "Estaba en la banqueta con uno de mis tíos, mi tío tiene broncas por varios lugares, pasan y le disparan y me cayó el balazo en el estómago y me rozó, estoy lastimada". Otra alumna era la mejor amiga de Aideé Mendoza, la niña que mataron a balazos en un CCH,[2] dentro de su salón: "La mataron, estoy *choqueada*, ¿por qué a mi amiga?, ¿qué fue lo que ocurrió para que ahora me digan 'está muerta'? Maestra, los porros existen y cobran cuotas a profesores y alumnos. No sé si fue eso, estoy llena de coraje".

Ya desaparecieron a una joven, ya apareció su cuerpo tirado en la calle, ya se llevaron a otra, ya apareció una más muerta.

Eso da miedo y el miedo paraliza, pero la paralización es un proceso. Luego sigue reaccionar.

Hace unos meses circuló la foto de un operativo policial en la UNAM, se veía a un chico tirado en el piso mientras los granaderos lo golpeaban y su novia se echó encima de él para tratar de protegerlo. La foto se hizo muy famosa. Yo la traje al salón con los alumnos de prepa y les dije: "¡Este chico es de Iztapalapa, así como ustedes! ¿Vieron esta foto? ¿Qué sintieron?" Hicimos un periódico mural para reflexionar sobre eso y uno escribió: "Te damos la mano", otro dijo que le dio coraje. Y sí, el miedo nos paraliza y el coraje nos hace levantarnos, ¿qué vamos a hacer?

Las palabras que nos enseñan

Tengo miedo. Me da coraje. Estoy *choqueada*, ¿por qué a mi amiga? Te damos la mano. Te defiendo. Te voy a cuidar.

---

[2] Aideé Mendoza fue asesinada con un arma de .9 mm dentro de su salón en un Colegio de Ciencias y Humanidades (CCH) en la Ciudad de México, en mayo del 2019. Los CCH son escuelas preparatorias públicas pertenecientes a la Universidad Nacional Autónoma de México.

María y el silencio

Tuve un alumno que siempre le pegaba a las niñas y a los niños. Un día otra maestra me comentó que le viera los pies. Le pedí que se quitara los zapatos y vi su planta chamuscada, me dijo que su papá lo agarró con un soplete porque no quería hacer la tarea. "Me sacó el soplete y me quemó. Cada vez que no le hago caso me quema con la colilla del cigarro. Mi mamá vive en otra casa y no se da cuenta." El director de la escuela me advirtió que no llamáramos al papá porque tenía vínculos con el crimen y le daba miedo que llegaran a la escuela a vengarse.

Hay una niña que fue testigo de cómo el papá mató a su hermanito de meses de nacido. La niña cuenta que desde que nació el bebé, su papá lo quemaba con colillas de cigarro porque lloraba mucho. Ahora el papá está en la cárcel pero la mamá tiene miedo de que salga. La niña también tiene miedo, dice que quería a su papá pero no lo quería volver a ver porque si salía a la calle la iba a matar porque ella vio cómo mató a su hermanito: "Lo agarró a golpes, vi cómo le pegaba en la cara, en la pancita, lo tiró al piso… *Teacher*, ¿estoy bien porque quiero a mi papá, aunque haya matado a mi hermanito?" ¿Qué le contestas en ese momento? ¿Qué le puedes decir a un niño para que la vida no se le haga pedacitos?

Yo siento empatía con los niños porque cuando era niña me pasó lo que a ellos y me hubiera gustado que alguien me hubiera escuchado. Fui abusada sexualmente en dos etapas de mi vida, la primera cuando tenía 5 años de edad. No sabía si era bueno o malo lo que me hicieron, pensé que era normal hasta que tuve conciencia de que me hacían daño. Tenía ataques de pánico, me orinaba en la cama, mis papás no me creyeron y pasé mi infancia en mucha soledad. Uno siente la violencia en el cuerpo, como que tiembla. Yo dejé de sentirme segura, ya no me sentía a salvo en ningún lugar. Y luego vino la violencia en la calle… incertidumbre de no saber si voy a regresar a casa… narcos, asaltantes, violadores, camioneros. Todo es violento alrededor, pero he aprendido a estar alerta. Es una manera de perder el miedo.

¿Cómo acomodar el dolor?
La memoria que guardamos de los momentos en que sentimos terror se alimenta del miedo a que éste regrese y nos golpee de nuevo, escribe María Victoria Uribe Alarcón, antropóloga colombiana, en el libro *Hilando fino, voces femeninas en la violencia*.

¿Qué pasa cuando las memorias del dolor pasado no se acomodan y otros nuevos dolores se agolpan en el cuerpo, en el corazón? ¿Cómo acomodar esos recuerdos para elaborar el dolor presente?

¿Cómo acomodar el dolor de los tiempos, generaciones anteriores con los dolores de los tiempos, generaciones presentes? ¿Cómo hacerlo cuando el dolor de las abuelas, abuelos, padres, madres, permea y se filtra hacia las que apenas son?

En entornos violentos las memorias de un pasado doloroso, sigue María Victoria, pueden operar en el presente y darle a la violencia el sentido de un pasado continuo.

"Me hubiera gustado que alguien me hubiera escuchado", dijo María, la maestra de Culiacán. La memoria de su dolor la acercó al dolor de sus alumnos. El dolor también acerca, une.

Yolanda y los adultos

Soy Yolanda y soy maestra en Iztapalapa. Hay veces que no duermo pensando en lo que pasa con los chicos. Me quedo con cosas en la cabeza, pienso en los chicos que no van a regresar porque reprobaron y los papás los van a sacar o porque algo les pasó a ellos y sus familias.

Hay mucho trabajo que hacer con ellos pero también hay mucho trabajo que hacer con los padres. Los papás de los alumnos son comerciantes, tienen sus puestos en la Central de Abastos. Muchos estudiantes salen de la escuela y van al puesto con los papás, ahí tratan de hacer la tarea, de estudiar. Algunos de los chicos ven a la escuela como una sala de espera, saliendo voy a ser mecánico o comerciante como mi papá. Ya tienen indicios que les permiten saber qué les tocará hacer. No creo que esto sea determinante en el sentido de que dejen de soñar, siguen soñando, pero es determinante la decisión de los papás sobre ellos. Las condiciones que tienen en este periodo no significan que puedan ser así toda la vida. Hay que trabajar con los chicos para que se atrevan a hacer cambios.

El aprendizaje es para su vida. Los papás sobreprotegen a sus hijos porque tienen miedo de que se equivoquen, porque ahora los errores cuestan la vida. Los alumnos ya no tienen derecho a equivocarse como antes nosotros, derecho a experimentar. Pero también vemos chicos que salen de la escuela, llegan a la casa y están solos o tienen que hacerse cargo de sus hermanos pequeños.

¿Cómo explicar el dolor?

Edith Escareño es acompañante emocional de víctimas de desaparición forzada. Ella estuvo a cargo del capítulo sobre infancia en el Informe psicosocial *Yo sólo quería que amaneciera, impactos psicosociales del caso Ayotzinapa*.[3] Ahí, Edith escribe:

"Explicar a los niños y las niñas no es tarea fácil, pues los adultos también se encuentran abrumados por tratar de entender la información y luego compartirla, de tal forma que llega a los niños con miedo y dudas. Esto también es un efecto normal frente a un hecho donde no se sabe qué ocurrió ni por qué."

Mamás, papás, maestras, es decir, los adultos, no pueden dar respuestas a niños cuando ellos mismos no las tienen. Y entonces llega el silencio como intento de protegerlos.

Otros adultos tratan de explicar lo que sucede y es ese intento, escribe Edith, lo que les ayuda a los niños a sintonizar los cambios que ven en sus familias, en sus rutinas, en los estados de ánimo. Los niños, los adolescentes, hacen un trabajo por entender y explicarse lo que ven alrededor, en sus casas, en sus escuelas, en la comunidad. Porque la falta de respuestas compromete la confianza y la seguridad en el mundo que habitan. A través del juego o la fantasía, los niños y niñas intentan transitar el dolor.

Los niños, los adolescentes, escribe Edith, viven el impacto directo de la violencia pero también el daño que sufren los adultos responsables de cuidarlos. Aprenden a ver las necesidades de los adultos e intentan cuidarlos.

---

[3] Puede consultarse en: https://fundar.org.mx/impactos-psicosociales-de-casoayotzinapa/

María y los sueños

Hace varios años creamos un proyecto llamado *Recuperarte*. Se trataba de rescatar las casetas de policía abandonadas en las colonias violentas de Culiacán. En esas colonias pasaban muchas cosas como balaceras y persecuciones. Las pintábamos, las limpiábamos y sacábamos a los adictos que se iban a drogar ahí. En las tardes los niños de la colonia llegaban a hacer sus tareas o a leer. Logramos muchas cosas bonitas, en mi celular tengo fotos, una que dice "No dañes ni te drogues, aquí es para aprender"; otra de un mural que pintaron los niños. No fue fácil, fue un proceso difícil, varias veces llegaban los niños y habían vuelto los adictos y no había seguridad. Luis, un niño que estaba en el proyecto, un día iba caminando de regreso de la escuela y en el baldío cerca de su casa vio a una mujer descuartizada dentro de una bolsa de plástico, con una cartulina que decía "Vamos por más"; me cayó muy mal eso y durante varios días ya no quería venir a la caseta. Y así, por muchas cosas, el proyecto empezó a fallar. Vi focos rojos pero me confié. Nos dejamos llevar por el ego, nos faltó organización, disciplina, tuvimos miedo. Ilusionamos a los niños y no cumplimos.

A veces siento que no hemos logrado nada y me cuesta ver más allá, no imagino cómo hacerle… Tuve que reconocer que hay niños que no se van a salvar. No los vamos a poder salvar. Lo más seguro es que terminarán en el crimen y con suerte en la cárcel. Si no tienen suerte, terminarán muertos antes de llegar a los 20 años. Ellos hablan de la muerte normal, no tienen miedo. Dicen que prefieren vivir recio pero vivir bien.

No es fácil darte cuenta de que es demasiado el dolor que se trae encima, muchos dolores. Son niños que no llegan a los 6 años y ya conocieron la muerte, el abandono, la tortura, la violación, los golpes. Comprender que ese niño tiene que ser consciente de su vida misma y que tú no lo puedes hacer por él. Lo único que puedo hacer es guiar, mostrar otras maneras. Reconocer mis límites también ha sido una forma de salir adelante y de ver qué sí puedo hacer.

Quiero cuidar la esperanza: que no pierdan su capacidad de sentir, de ser empáticos. Quiero enseñarles a protegerse: ayudar a formarlos y a defenderse, que no permitan que los estén violando, golpeando, quemando, obligando a hacer cosas que no quieren. Quiero enseñarles a que no los obligue nadie, ni yo misma.

Quiero cuidar la inocencia: que sean ellos, no el narco ni el gobierno ni el sistema educativo. Sino ellos y sus sueños.

¿Cómo atravesar la niebla?

A las maestras les preguntamos cómo reaccionan los niños a la violencia. Les pedimos detectar palabras o pequeños gestos que permitan ver cómo entienden, acomodan o hacen frente a la violencia.

Costó trabajo llegar a estas respuestas. Más aún, costó trabajo plantear la pregunta. Intentar quebrar o interrumpir el relato de horror y miedo para encontrar posibilidades, por pequeñas, locales, insuficientes que parezcan.

Este intento de recuperar gestos de niños y niñas, ese diálogo con las maestras nos dejó una nueva pregunta: ¿cómo atravesar la niebla y encontrar pequeños espacios de luz?

Decía Daniel Feierstein, sociólogo argentino, que el objetivo final de la dictadura militar no era sólo la desaparición y muerte de las personas víctimas sino la transformación de la identidad de los sobrevivientes. Este presente violento que vivimos en México ¿cómo nos ha cambiado?, ¿qué ha transformado de nuestras ideas acerca de lo que somos y nuestras formas de habitar al mundo?, ¿qué ha hecho de nosotros esta violencia?

¿Cómo escuchar a los niños y niñas para aprender de ellos esa capacidad de rebeldía y tomar de nuevo en nuestras manos la posibilidad de contar-nos, de nombrar-nos, de sonreír, de liberarnos, más allá de la violencia que se posó como una sombra sobre nosotros?

¿Cómo conjurar estos lugares, espacios o gestos de sensibilidad y ternura en los que los niños y las niñas se cuidan, nos cuidan, cuidan la vida aun en momentos o situaciones en que los adultos nos hemos rendido?[4]

---

[4] Agradezco las conversaciones con Paloma Castillo, Laura García y Rafael Mondragón alrededor de la educación anarquista para pensar estas preguntas que nos convoquen a escuchar en serio la experiencia de los niños y niñas y sus enseñanzas.

Yolanda y la ternura

Me acuerdo que yo tenía 9 años, mi vecina tenía 11 y no la llevaban a la escuela. Vivía con sus hermanos y su abuela y lo que más escuchaba de pared a pared eran gritos y golpes. Mi vecina sufría eso.

No la dejaban salir, por eso nos juntábamos en la azotea. Su casa era muy oscura, muy fría. No recuerdo haber tenido miedo por mí, era tristeza por ella que no podía leer, escribir, porque algo que mi papá siempre nos compartió en la vida fue la importancia y lo fascinante que es leer. Me acuerdo que en su casa tenía un pupitre de esos antiguos. Yo pensaba: "Si tienen banca de escuela, ¿por qué no van a la escuela?"

Era mi vecina y nos veíamos en la azotea para jugar, en ese jugar me di cuenta de que no sabía leer porque me preguntaba qué decía aquí o allá. Una pequeña barda nos separaba y de azotea a azotea yo le enseñé a leer y a escribir. Yo veía en ella ese anhelo de aprender y yo le enseñé lo que pude. Le puse su nombre, ella hizo planas y planas y planas, copió las figuras. Recuerdo mucho el día que ella pudo escribir su nombre, Isabel.

Una mujer camina sola durante el amanecer por Lomas de Echeveste, León, Guanajuato.

Madre e hija, habitantes de la colonia Ibarrilla de León, Guanajuato, cubren su rostro por miedo. La colonia Ibarrilla es una de las más violentas del estado.

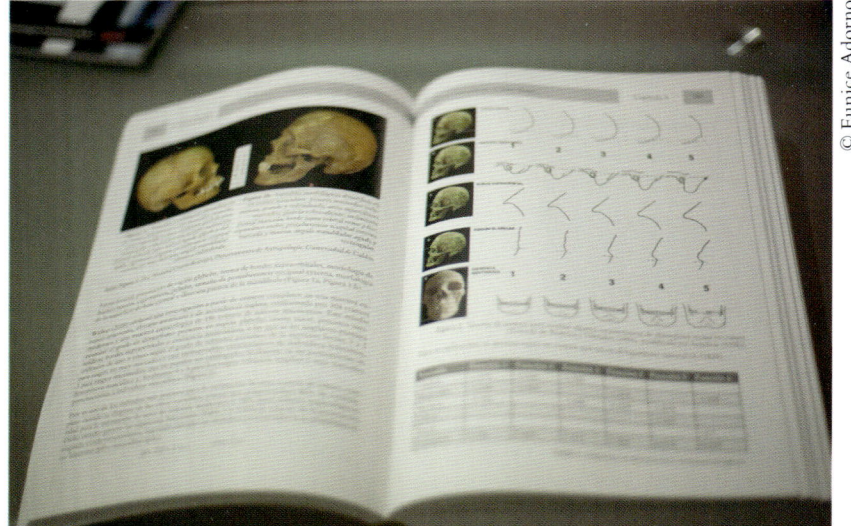

Material de lectura y guía de prácticas del Equipo Mexicano de Antropología Forense (EMAF) en sus instalaciones en la CDMX.

Integrantes del EMAF caminan en la Escuela Nacional de Antropología e Historia (ENAH).

Un grupo de niños, hijos de los policías municipales de Úrsulo Galván desaparecidos, observan un caballo el 19 de noviembre de 2016 mientras sus madres sostienen una reunión para verificar las pistas de su investigación.

Las esposas y la madre de uno de los policías municipales de Úrsulo Galván, Veracruz, que permanecen desaparecidos se congregan frente a la comandancia donde trabajaban para recordarlos y contar anécdotas de sus seres queridos antes de una reunión.

Irlanda Villa Espino es madre de dos hijos y subcomandanta en la Policía de Coahuayana. Se encarga de organizar operativa y logísticamente a sus compañeros —todos hombres—. Antes de portar el uniforme vendía antojitos para llevar.

En el año 2013 este municipio ubicado en Michoacán se levantó en armas para defender su territorio de la incursión criminal, que secuestraba y extorsionaba a los habitantes.

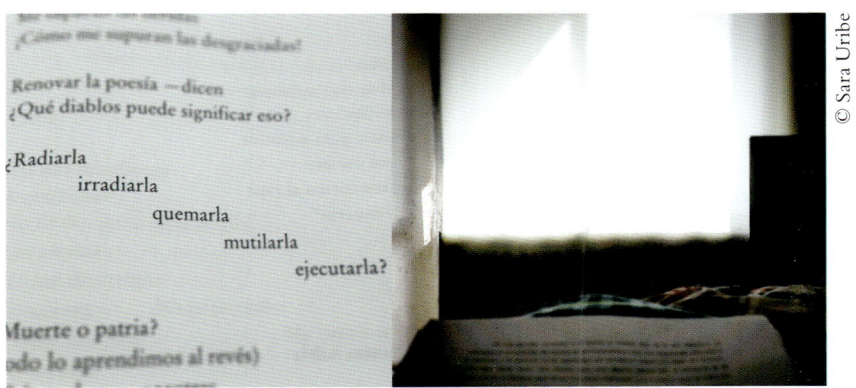

"Versos del libro *En un mundo de abdicaciones* de Victoria Guerrero Peirano y la habitación donde escribí 'Aquí sigue pasando la guerra'."

"Versos del libro *Armenia* de Luis Eduardo García y mi cuaderno de notas para la escritura de 'Aquí sigue pasando la guerra'."

Desde su desaparición, la familia de Bárbara conserva las pertenencias más queridas de la adolescente: un par de suecos de madera, muñecas coleccionables, un castillo de juguete comprado en un viaje familiar, monedas y cartas escritas por amigas. Pequeños tesoros que testifican la corta edad en la que su vida fue interrumpida.

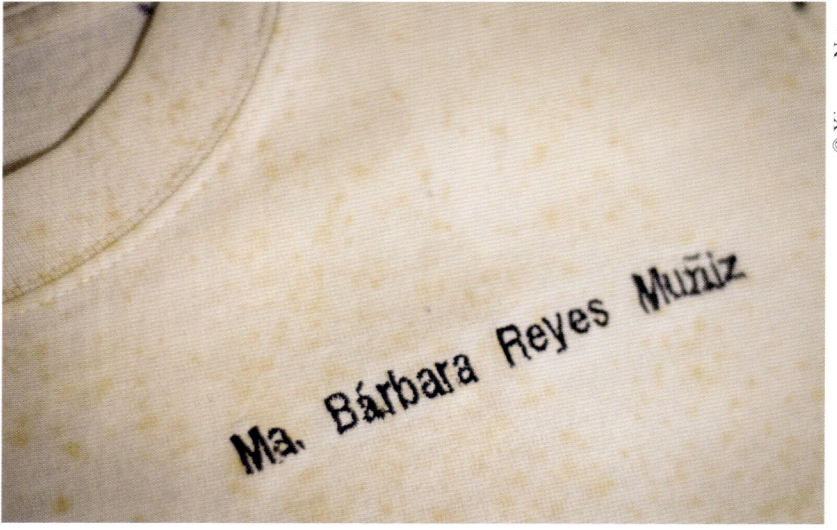

Playera del uniforme escolar de Bárbara firmada por sus compañeros de secundaria.

Mujeres marcaron sus manos en uno de los dormitorios del albergue Hermanos en el Camino en Ciudad Ixtepec, Oaxaca, México; el refugio temporal para mujeres que viajan con sus hijos atravesando el territorio mexicano, donde son víctimas de asaltos, golpizas y violaciones sexuales.

Dalia descansa con su hijo Ali en el albergue de Ixtepec, antes de continuar su camino a Estados Unidos. El número de mujeres jóvenes que viajan con sus hijos se incrementa en la frontera sur de México con Guatemala, caminan por brechas, a la orilla de la carretera a altas temperaturas.

Ari en el salón de literatura que compartía con su mejor amiga Karen. Tras el asesinato de Karen, Ari inició las movilizaciones dentro del CCH Vallejo, donde estudiaban, para exigir justicia por el crimen.

Estudiantes del último año de bachillerato durante el receso en el CCH Vallejo. La generación de Ari y Karen se graduó en junio de 2017.

Acompañar.
Dice el diccionario que acompañar es el "sentido de estar o ir una persona en compañía de otra". El diccionario habla también de cómo este verbo implica, a veces, "una cosa unida a otra". Acompañar es práctica tanto como estado del ser. Acompañarnos como práctica. Estar acompañadas es un estado del ser. Cohabitar el espacio y el tiempo. Asumir que la palabra que surja del encuentro es el producto del encuentro mismo y no sólo la circulación de pensamientos. Acompañar es construir comunidades de conocimiento colectivo a partir de compartir saberes. Acompañar es siempre un acto de ida y vuelta. Cuando una acompaña, nunca está sola.

¿Me ayudarás a levantar su cuerpo?[1]

Por Marina Azahua y Daniela Rea

I. Mujeres forenses: dos formas de ser expertas

En el muro detrás de la arqueóloga forense cuelgan los apuntes de la clase: cromos de huesos humanos, diagramas del interior de la célula, dibujos que describen las capas de la Tierra. En la sala de juntas de un pequeño hotel en la ciudad de Torreón, la experta forense habla a las familiares —aunque hay algunos hombres, casi todas son mujeres— que buscan en el campo a sus desaparecidos y que ahora la miran con papel y pluma en mano.

"Como vimos ayer, tafonomía es el proceso de descomposición de un organismo que ya falleció —repasa la clase Diana Bustos—. Sabemos que es un tema delicado, que es imposible evitar hablar de la muerte y cómo se va desintegrando un cuerpo."

La arqueóloga pertenece al Equipo Mexicano de Antropología Forense (EMAF). Vino con sus compañeras Roxana Enríquez y Viridiana Navarro a dar un taller sobre herramientas para la búsqueda de la verdad. Las arqueólogas tienen ante ellas a una veintena de familiares, integrantes del Grupo Vida, que desde el 2015 buscan el rastro de sus desaparecidos en cerros, llanuras, desiertos, cañaverales.

Éste es un taller peculiar: la veintena de personas sentadas con papel y pluma tienen tanta experiencia como las científicas ante

---

[1] Este título parte de la frase "¿Me ayudarás a levantar el cadáver?" de la obra *Antígona*, de Sófocles.

ellas. Unas en el terreno, otras en la academia. Aquí se encuentran, como sucede en tantos otros sitios a lo largo del país, dos formas de conocimiento: el adquirido a través de la profesionalización académica y el adquirido empíricamente. Forman dos comunidades de mujeres forenses que se acompañan: unas antropólogas y arqueólogas, otras madres, hermanas y esposas.

Diana les pregunta cómo quieren nombrar los cuerpos que se desintegran en la Tierra, quiere aprender a compartir conocimiento. Algo sucede en este salón que no es común: "la experta" busca ayuda en "las alumnas". Diana les pide su palabra como familiares de personas desaparecidas, no como talleristas.

"Hay personas que se sienten mejor cuando hablamos de un organismo o de un animalito en el bosque; habrá otros que digan 'mi familiar no es un organismo, no es un animal' y se sentirán más cómodos o más respetados si habláramos de una muerte humana. Por eso queremos pedirles un consejo para ver cómo integramos al taller el tema de tafonomía."

Desde el 2014 el EMAF imparte talleres a familias de personas desaparecidas en lugares como Guerrero, Estado de México y Veracruz y nunca antes les había hablado de tafonomía a los asistentes. En Coahuila fueron los familiares quienes pidieron hablar de eso, de cómo se descompone un cuerpo, además de otros temas incluidos como cadena de custodia, arqueología forense o genética. En el pequeño salón del hotel, los familiares comienzan a responder a la pregunta de Diana. Las manos se alzan.

II. DE PALABRAS JUSTAS Y AFECTOS SUSPENDIDOS

Tafonomía viene del griego *taphos*, "enterramiento", y de *nomos*, "ley". Pero *nomos* es también "nombrar" y por eso la tafonomía es el análisis de lo que sucede en la tumba —o el sitio (no necesariamente un entierro)— donde descansa el cuerpo fallecido. Tafonomía es describir un proceso pero es también nombrar la tumba. Describir lo que sucede en ella, lo que le sucede al cuerpo dentro de ella, aquello en lo que se convierte. La tafonomía, por eso, remite a las palabras que usamos para nombrar la materialidad de la muerte.

¿Cómo hablar de un amor que se desintegra en el desierto?

"Yo no les llamo huesos, acuérdate, les llamo tesoros", dice Mirna Medina, una maestra jubilada que, a partir de la desaparición de su hijo Roberto, fundó el colectivo Las Rastreadoras del Fuerte. "Para nosotros no son solamente huesos, son nuestro tesoro, y al ver un cuerpo para nosotros es como si nos encontráramos una olla de esas que salen en las películas, una olla que le brota el oro", agrega Mirna, quien encontró a su hijo enterrado de manera clandestina en Sinaloa.

Hace tiempo sabemos que el lenguaje es uno de los frentes de batalla donde damos continuidad a la violencia o podemos ejercer la resistencia ante el poder avasallador de la muerte. Las palabras de Mirna y las reflexiones surgidas en el taller de Torreón son parte de múltiples debates en torno a cómo nombrar a los cuerpos asesinados y violentados que se descubren en los igualmente innombrables sitios donde se alojan mientras se desintegran. ¿Es lo mismo una tumba que un entierro? ¿Qué es una fosa realmente? ¿Un hoyo en la tierra, un paisaje con fragmentos de hueso esparcidos a lo largo de su superficie, un tambo lleno de ácido? ¿Un río puede ser una fosa? Estos debates resumen los límites del lenguaje para poder describir lo sucedido y revelan la inestabilidad de cómo nos relacionamos con la violencia vivida en el país.

La antropóloga Carolina Robledo, quien forma parte del Grupo de Investigaciones en Antropología Social y Forense (GIASF) del CIESAS, habla de cómo los encuentros y colaboraciones entre expertas profesionalizadas y vernáculas posibilita "abrir la epistemología forense que es tan cerrada" en la que hay jerarquías del conocimiento y distancia con "el sujeto de estudio", es decir, las personas con las que se trabaja. Carolina recuerda que en su trabajo sobre exhumaciones de fosas en Tetelcingo usó el termino *basurización* para referirse a cómo se trataba a los cuerpos. "En ese contexto parecía lógico pero entonces se acerca una mamá y me dice 'Yo creo que sí los tratan como basura, pero se oyó tan feo'. A partir de eso ya nunca volví a usar ese término. Las familias me enseñan a modular mi lenguaje, el lenguaje teórico".

El problema del lenguaje que utilizamos para referirnos a los cuerpos asesinados permea la vida pública de México. Mucho se ha escrito sobre cómo términos como *levantado* o *encajuelado* los deshumanizan. Pero incluso hablar de *restos* tiene hoy la implicación de desecho en un contexto donde cientos de cuerpos humanos son hallados en depósitos de basura, en ríos, en barrancos. Para las familias no importa cómo se les encuentre, siempre serán sus tesoros, sus familiares.

En el hotel de Torreón el diálogo entre las buscadoras y las antropólogas continúa:

—Hay personas que sí aguantarían que se hable de cuerpos desintegrados porque ya se han hecho frías por salir a buscar, pero otras no —se escucha una voz al fondo.

—Yo no he ido a búsqueda —dice otra mujer buscadora— pero a mí en lo particular, pues prefiero la realidad, es lo que estamos viviendo día a día. No lo aceptamos pero es la realidad y aunque duela…porque siempre nos va a doler.

—Pues sí, la realidad, porque a todos lados donde vamos se trata de enmascarar todo. Yo digo que la verdad. Ya fue mucho enmascarar, ya fue mucho hablar con mentiras. Nunca vamos a aceptar lo que nos pasó, porque en ese momento de nuestra vida cambió totalmente, pero la verdad… —agrega Lupita, madre de un joven desaparecido, y empieza a llorar.

Sus compañeras se acercan a abrazarla.

La antropóloga escribe en un rotafolio: "Hablar con la verdad" y dice al grupo, pero sobre todo a Lupita, que apelar a la verdad "indica fortaleza, porque llorar no necesariamente tiene que ver con debilidad, sino con una voluntad de sanar".

El comentario sobre "hacerse fríos por salir a buscar" hace pensar que con la repetida exposición a la violencia las personas se vuelven insensibles, a la vez que entre los científicos forenses reina el deber de frialdad y desapego. Suspender sus emociones es algo que las familias han tenido que asumir como estrategia para que las autoridades les permitan integrarse a las búsquedas. Para ser tomados en cuenta muchos familiares han aprendido a "actuar" y "hablar" como expertos.

Semanas después del taller en Coahuila, Lina Hernández, quien busca a su hija Mireya, explica que cuando su hija desapareció y ella fue a levantar la denuncia ante el MP, había una señora antes que ella en la fila. "Ella lloraba y lloraba y lloraba", recuerda Lina. "Y le decían: '¡Cállese porque si no se calla no le vamos a poder tomar su declaración! ¡Sálgase allá afuera y se calma y luego regresa!' pero así, fuerte. Y yo estaba igual, con la angustia estaba yo llorando, no me podía controlar, pero cuando escuché eso, dije: 'No, tengo que mantener la calma, como sea, para que me tomen la denuncia y puedan inmediatamente buscar a mi hija'." Lina aprendió a actuar de una manera distinta a como se siente.

"Entonces aprendí a tragarme el dolor, para que me dejen estar en el lugar... Siempre en esos momentos como que soy cabeza fría, me he vuelto así. Yo he aprendido a tragarme la lágrima, a tragarme el coraje, a tragarme el sentimiento, y enfocarme a lo que vine, que es a buscar y encontrar."

¿Cómo atravesar las distancias entre el lenguaje científico y los afectos desapegados bajo los cuales fueron educadas las antropólogas forenses y el lenguaje afectivo de las familiares forenses? Ojalá se reconozca y se les permita estar en la búsqueda a las familias, sin importar las emociones que expresen. Ojalá un día también las cosas cambien para que los científicos forenses —antropólogos y académicos independientes tanto como peritos del Estado— tengan la libertad de expresar lo que sienten de formas más abiertas. Por ahora el terreno de los afectos, tanto como el del lenguaje, siguen siendo espacios donde se abre un abismo entre la experticia profesionalizada y la vernácula.

III. Buscar en comunidad

México es un país con alrededor de 200 zonas arqueológicas,[2] generaciones enteras han sido formadas para buscar y explorar vestigios

---

[2] Instituto Nacional de Antropología e Historia (INAH), revisado el 8 de agosto de 2019 https://www.inah.gob.mx/zonas/5410-red-de-zonas-arqueologicas-del-inah.

de naciones pasadas. De pronto, en poco menos de una década, los arqueólogos han cambiado de rumbo: ya no buscan pirámides, buscan fosas.

Sin embargo, los conocimientos de los arqueólogos o antropólogos no siempre fueron reconocidos fuera de las pirámides. Lilia Escorcia, antropóloga física forense de la UNAM, sostiene que "en el sistema neoliberal de nuestro país desde el que se gestó la guerra de baja intensidad para apropiarse de los recursos naturales, es comprensible que los antropólogos no tuvieran cabida porque sirven para averiguar, mas no para esconder". Uno de los factores fundamentales que unen la experticia de mujeres forenses profesionalizadas y vernáculas es la búsqueda de la verdad, pues sólo entonces puede comenzarse a aspirar a la justicia.

El arquitecto y teórico de la violencia Eyal Weizman remite a los orígenes del término *forensis* para insistir en que viene del concepto del foro. "*Forensis* es latín para 'relativo al foro' y es el origen del término *forense*. El foro romano al cual se relacionaba lo forense era un espacio multidimensional donde convivían la política, la ley, la economía, pero la palabra desde entonces ha sufrido un cambio lingüístico fuerte: el foro gradualmente se fue refiriendo exclusivamente al espacio de lo judicial, y lo forense al uso de la medicina y la ciencia dentro de éste." Este cambio, insiste Weizman, implicó que un elemento fundamental de lo forense se perdiera: su potencial como práctica política. El hecho de que lo relativo a lo forense es aquello cuya calidad como verdad pública se debate en el espacio público.

Lo forense, dice Roxana Enríquez del EMAF, no debe remitir únicamente a la muerte. En el taller de Coahuila insiste en que "no vamos a hablar de forense igual a muerte porque el procedimiento forense está conformado por varias partes de la investigación". Las forenses profesionalizadas tienen conciencia de que el conocimiento que comparten a las madres que son ya expertas forenses no sólo se centra en la recuperación de cuerpos violentados sino en posibilidades que ayuden a encontrar a quienes buscan. Si el foro es el sitio donde las verdades públicas son puestas a discusión —el papel que debieran jugar el sistema judicial que, en nuestro caso, está plagado de impunidad—, lo que la crisis forense ha detonado en México es la integración de nuevos actores dentro de estos debates.

En el centro del foro ya no sólo están los abogados, jueces, peritos y científicos decidiendo qué es verdad, qué es evidencia. Ahora también hay amas de casa, maestras jubiladas, promotoras sociales, comerciantes, campesinas que aprenden las herramientas forenses para la búsqueda de cuerpos, para girar un oficio, detonar una diligencia, darle seguimiento a un caso, hacer que sus seres queridos no queden en el olvido. Se han vuelto expertas no sólo en rastreo en el terreno, sino en exigir y monitorear al Estado. ¿Es posible pensar que ambas, las forenses profesionalizadas y las forenses vernáculas, cohabitan y se comparten mutuamente en el espacio del foro donde se lleva a cabo la lucha por la verdad? ¿Qué implica habitar ese espacio en compañía, en lugar de en soledad?

Cuenta Silvia Ortiz, maestra de profesión, que cuando su hija fue desaparecida ella se salía a caminar al campo, a buscarla. "Yo me iba a buscar a mi hija y andaba caminando sola, sola, sola... Yo andaba caminando entre las hierbas no sé ni en dónde... yo llegaba y veía baldío y decía 'aquí tengo que buscar'. Y me bajaba del carro y me ponía a caminar como tonta". El caminar sin rumbo de Silvia lo interrumpió un día un sobrino suyo que la siguió hasta encontrarla vagando en un baldío de tantos. "Ya era noche y él me siguió y de repente me ponen así la luz y lo volteo a ver y me regañó: '¿Qué estás haciendo aquí, tía?' Y me arranqué llorando y le dije: 'Buscándola'." La respuesta de su sobrino fue sencilla: "Así no. Tú no puedes, estás sola, tía, así no, tía. Vamos a buscarla". Y esa noche Silvia la buscó acompañada de su sobrino, su esposa y el hijo de ambos.

Pasaron muchos años y, tras la desaparición de los 43 normalistas de Ayotzinapa, Silvia vio cómo salieron a buscar en los cerros los familiares de los normalistas y el colectivo Los Otros Desaparecidos de Iguala. Al igual que muchas otras familias, Silvia se volvió buscadora a partir de ese momento, mientras ganaba fuerza el movimiento de buscadores a lo largo del país. Silvia propuso a sus compañeras del colectivo la idea de salir al campo. Y de repente, ya eran muchas caminando juntas, recorriendo los desiertos de Coahuila.

Estos esfuerzos, no hay que perder de vista, han sido una respuesta ante la inacción de las autoridades. "Lo empecé a buscar porque fui a las autoridades a preguntarles de qué manera lo buscaban y pues me dijeron que no lo buscaban, que investigaban pero que no buscaban", dice Mirna. "Entonces yo decidí buscarlo. Empecé buscándolo por las orillas de los caminos, por casas abandonadas, por ranchos solos... Pero había otras personas desaparecidas. Puse rápido una nota en las redes sociales y se fue uniendo gente. De ahí yo supe que había más personas que estaban buscando también."

Grupos de acompañamiento forense han surgido en el país en los últimos años motivados por la emergencia de personas desaparecidas: el EMAF, el GIASF, cuyo trabajo se suma al que el Equipo Argentino de Antropología Forense (EAAF) hacía desde la década de los años noventa para identificar los cuerpos de personas que fueron desaparecidas durante la dictadura en ese país del sur.

Roxana y Diana, quienes se conocieron en la universidad donde aprendieron a buscar pirámides, se encontraron ante el dilema de cómo ayudar, cuando el grupo de familiares Los Otros Desaparecidos de Iguala les pidió apoyo. Si buscaban con ellos en el terreno, fuera del marco legal, los restos recuperados no podrían ser mostrados en un juicio, aunque fueran especialistas. "Entonces vino la pregunta ¿qué hacemos?", relata Roxana. Así entendieron que más que acompañar búsquedas y recoger posibles evidencias, serían más útiles enseñándoles técnicas forenses para que las familias pudieran utilizarlas y luego exigir por la vía legal. Así crearon un primer taller que se impartió en Iguala: "Fue muy extraño, el grupo era muy heterogéneo, familias que no sabían leer ni escribir, mujeres muy abuelas ya, niños". Con el tiempo perfeccionaron el taller a partir de las experiencias y enseñanzas de las familias: hablan de procesos judiciales, derechos de las víctimas, antropología, arqueología, genética; utilizan dinámicas y juegos.

El GIASF, por su parte, inició luego de que Carolina Robledo acompañara a la Primera Brigada Nacional de Búsqueda de Personas Desaparecidas. "Fue tremenda porque yo sentía que no tenía capacidades para estar ahí. Para la Segunda Brigada entendí que debía tener un plan, busqué a otras compañeras y les dimos un taller.

De hecho yo tomé ese taller igual que las familias. Hicimos una herramienta de búsqueda en contextos forenses para compartir en otros espacios. En esa Segunda Brigada nos entrevistaron periodistas y nos dijeron ¿cómo las citamos? pues tuvimos que inventarnos un nombre, difícil de pronunciar y todo pero así lo dejamos." Después de esa Segunda Brigada, en el 2016 y todo el 2017, el GIASF dio talleres a colectivos de distintas partes del país como Chihuahua, Baja California, Veracruz, Sinaloa, Ciudad de México.

Son muchas las comunidades que se crean en estos espacios de búsqueda, varias de ellas surgen espontáneamente a partir del compartir en la búsqueda, a partir de sentir a quien es tu compañera, sus necesidades, sus dolores, sus alegrías. Los colectivos no son sólo espacios que comparten estrategias de búsqueda, son también comunidades de apoyo mutuo que surgen principalmente entre mujeres, pero que también incluyen a los hombres.

"El hecho de reír entre nosotras a mí me fortalece mucho", dice Karla Pérez Guerrero, madre de dos niñas y quien busca a su esposo Herón Miranda Godos desaparecido en Veracruz. Habla de las bromas y los cariños que se hacen entre compañeras: "Después de la búsqueda necesito del apapacho de mis amigas, me siento con muchas ansias de que alguien me dé un abrazo. Aprendemos a leer tu cara, la cara de los demás, aunque te estés riendo tu mirada me está diciendo que estás triste y por dentro deshecha, pero el sonreír es también un caparazón. Por fuera estoy bien, por dentro no, pero lo de fuera me hace salir adelante".

"Aprendimos a saber cuando a alguien le está dando un bajón de ánimo porque es muy fácil de reconocerlos, empiezan a quedarse calladas, empiezan a hacerse como para un lado", dice Rocío Hernández, costurera y quien busca a su hermano Felipe, desaparecido en Coahuila. "Como no entiendes muchas cosas, tiendes a siempre estar de malas, siempre queriendo pelear con todo mundo", agrega. Acompañar es también aprender a leer el estado de ánimo de las compañeras, y el propio, estar pendiente de ellas y cuidar ese estado de ánimo.

Una nunca está preparada para escuchar que su amor fue encontrado en alguno de esos campos o en fragmentos. Por más tiempo que haya pasado, por más cerca que esté de dios, por más kilómetros a pie peinando cerros, por más talleres y cursos sobre búsqueda, por más pedacitos de hueso recuperados, por más pequeños que sean los pedacitos de hueso encontrados.

Las forenses aceptan que también a ellas les afecta la búsqueda y que necesitan construir comunidades emocionales. El desafío de acompañar, dice Carolina, se actualiza constantemente, porque es "el desafío de vivir con el dolor del otro y que también es un dolor que se nos encarna en nuestros propios cuerpos, en nuestras vidas". Lilia Escorcia coincide en el origen de las resonancias que surgen en estos encuentros: "Los que estamos en el mundo de la ciencia no somos extraterrestres. Somos integrantes de núcleos familiares de esta sociedad descompuesta y por lo tanto no estamos exentos de lo que han pasado los familiares. Si eres empático y te comunicas, puedes ver cómo ayudar".

Acompañar, dice Carolina, "es vincularnos a partir de sabernos vulnerables y eso implica renunciar al concepto de víctima que nos coloca sobre o debajo de otras personas; cuando acompañamos, ellas también nos están acompañando a nosotras".

IV. Sobre el cuidado de los muertos

Históricamente, en un pasado no tan remoto, quienes atendían a los muertos eran sus propias familias —casi siempre mujeres— y no los empleados de servicios funerarios ni agentes del Estado. Pareciera que la violencia nos ha empujado de vuelta a ese tiempo. Madres, esposas, hijas, sobrinas, hermanas. "¿Dónde están?", claman sus camisetas mientras las vemos atravesar desiertos, veredas, cañaverales. "Te buscaré hasta encontrarte", responden emblemas sobre otras espaldas, en otras latitudes. A veces buscan en grupos pequeños, a veces buscan en grupos grandes. Colectivos locales y nacionales —en ocasiones internacionales— se comparten estrategias, conocimientos técnicos, formas de seguir.

En la tragedia clásica de la Grecia Antigua el cuidado de los cuerpos y sus rituales mortuorios se relata en *Antígona* de Sófocles.

Antígona oye que su hermano yace sin sepultura en las afueras de la ciudad, castigado por traición, condenado a no tener tumba, a que se lo coman las aves y las bestias. La hermana decide romper la ley y salir a recuperar su cuerpo para darle digna sepultura. Antes de partir, Antígona le pregunta a su hermana Ismene: "¿Me ayudarás a levantar el cadáver?". Su hermana se niega, temerosa de la ley, aunque más adelante se arrepentirá y ofrecerá su ayuda a la hermana rebelde. Antígona nos habla no sólo de la importancia de la sepultura digna para el descanso de los muertos y de los vivos sino también del hecho de que quien levanta el cuerpo necesita ayuda, estar acompañada. ¿Qué significa acompañar a quien levanta el cuerpo?

Si el mundo se resquebraja cuando no se da digna sepultura a los muertos, entonces quizá las formas de circulación de conocimiento entre mujeres forenses a lo largo del país se han convertido en una suerte de conjuro que busca curar el paisaje dañado. Compartir conocimientos, comparar métodos, acompañarse en los procesos, es una forma de ayudar a levantar el cuerpo para darle sepultura correcta, buscando con ello traer de vuelta el orden del mundo que se rompe con cada desaparición.

Cuando los integrantes de la Cuarta Brigada Nacional de Búsqueda de Personas Desaparecidas, en Guerrero, encontraron el cuerpo de un hombre en el cerro de Los Timbres, realizaron una ceremonia: se tomaron de las manos alrededor del cuerpo aún enterrado, hicieron una oración y arrojaron gotas de agua bendita sobre ese cuerpo y sobre esa tierra. Para ellos ese encuentro con el hombre enterrado fue una celebración: "Ya no estás solo, vinimos a sacarte de esta oscuridad para llevarte a casa". Encontrar ese cuerpo significa la esperanza de que una familia podrá salir de la incertidumbre de la desaparición, incluso cuando ese cuerpo fue asesinado, lastimado, herido, enterrado en el paisaje.

"Cuando encuentro restos, en mi mente les digo: 'Si eres mi hermano, yo te encontré. Yo te encontré con mis manos y vas a regresar a casa' —comparte Rocío, de Coahuila—. Y como que siento que estoy haciendo algo."

V. ¿Quién aprende de quién?

Nadie nace sabiendo recorrer una fosa. Ni las forenses profesionalizadas, ni las madres forenses.

Tiempo atrás las arqueólogas del EMAF participaron en una diligencia como peritas independientes para una familia de Grupo Vida y la diligencia tuvo algunos errores. Aunque pasado, el hecho está latente en el taller que se da en el hotel de Torreón y cuando se habla sobre la arqueología forense y la tafonomía Silvia lo menciona: "¿Por qué no excavaron de otra forma? ¿Por qué decidieron trabajar de esa manera?"

Las arqueólogas Diana y Roxana escuchan en silencio y luego dan una explicación. A partir de ese evento, dicen, aprendieron que no pueden acompañar una diligencia sin antes revisar el expediente y tener una entrevista con los peritos a cargo. El error se convirtió en aprendizaje, que se convirtió en metodología. En este pequeño salón de hotel las arqueólogas forenses comparten y escuchan incluso el reclamo de las familias. Un reclamo pronunciado con apertura, con disposición. Las familias aprenden a nombrar; las arqueólogas aprenden a escuchar.

En ese proceso de aprendizaje mutuo, muchas de las estructuras del mundo de las forenses profesionalizadas se han fracturado. Mayek Querales, miembro del GIASF, explica cómo "el saber académico está vinculado con una estructura que reproduce una lógica de poder". En la academia se aprende a ser "propietario de un saber"; en el territorio se mina esa jerarquía para dar pie a un conocimiento compartido que tiene implicaciones materiales y concretas en términos de cómo hacer justicia y cómo encontrar la verdad.

Desde la ciencia puede haber dudas en torno a los procesos de las madres y las familias. Y desde las familias hay choques sobre los procesos de la ciencia, pero cuando surge la voluntad de escucharse mutuamente, aprenden una de la otra. "Investigamos, nos documentamos para responder a las preguntas que los familiares tienen, que son complicadas —continúa Carolina—. Y también decir 'no sabemos', reconocer los límites de nuestro conocimiento para reconocer las necesidades de aprendizaje, junto con los familiares."

Graciela Pérez, una promotora social que busca a su hija Milynali en Tamaulipas y fundó el Colectivo Milynali Red Ciencia Forense Ciudadana, explica que cuando salen a búsqueda muchas veces son señales afectivas y sensaciones corporales las que les indican dónde buscar, dónde cavar, cuál camino seguir. "Con quienes vamos, que son los científicos, reconocen nuestra sensación y se dejan guiar. Eso es muy importante para nosotras. Aunque nos miren con ojos de incredulidad, se dan cuenta de que hay algo de sensaciones ahí y de conexiones, a lo mejor por el dolor, por la sangre, no sé por qué. Pero reconocen que quizás ellos harán la parte científica pero a la hora de los hallazgos tenemos la sensibilidad y un sentir inexplicable para encontrar esos lugares."

En su muro de Facebook Graciela publicó una fotografía de la criba que utiliza para hacer búsquedas en el sur de Tamaulipas, donde los cuerpos fueron calcinados y fragmentados. La criba original, como la que usan los albañiles para cernir arena de construcción, es una especie de "coladera" rectangular que se recarga en un palo y se coloca de manera inclinada sobre la tierra. Su versión horizontal se utiliza en las excavaciones arqueológicas para separar objetos más grandes de entre tierra y arena. En un inicio, varios colectivos de búsqueda utilizaron esta herramienta para "colar" la tierra y separar los pequeñísimos fragmentos de hueso encontrados. Con la experiencia de las búsquedas Graciela modificó la criba original y mandó a hacer una base que permite tener la criba horizontal y fija a la altura de la cintura: así los fragmentos de hueso rescatados de la tierra no se revuelven con la tierra ya colada, y quien la usa no castiga su espalda con las horas de trabajo.

Silvia Ortiz, de Grupo Vida, miró esa fotografía y le pareció buena idea replicar la herramienta para las búsquedas en Coahuila, donde los cuerpos también fueron calcinados y fragmentados. En el desierto de Coahuila, los integrantes del Grupo Vida tuvieron la idea de comprar cubetitas de plástico para colocar lo encontrado: fragmentos de huesos o evidencia como botones, hebillas. Cuando Morgan Medina, antropólogo forense de Coahuila, las vio usar esa herramienta tan doméstica pensó que era buena idea sustituir las frágiles bolsas de papel que le da la Fiscalía para recopilar los fragmentos durante el proceso de búsqueda en campo. Otro día en el desierto de Coahuila el antropólogo Morgan utilizó pinzas finas para tomar los fragmentos más pequeños, las mujeres forenses lo vieron y pensaron que era buena idea hacer lo mismo para evitar que las piezas se desmoronen entre los dedos.

Yadira González, busca a su hermano Juan. Y dice: "Hoy aprendí algo nuevo de un señor que es campesino y que nunca había buscado una fosa. Él me enseñó que hay una raíz, una planta que se da aquí, la raíz huele a podrido, entre podrido y gas y donde pensamos que era una fosa no lo era, el gas que salió era la raíz. Inclusive me llevó y cortamos la raíz y así olía. Vas aprendiendo. Nunca dejas de aprender". Ése es el conocimiento surgido del lugar y de la experiencia de habitar un territorio en particular. El hombre no sabía cómo encontrar una fosa pero le enseñó a Yadira a reconocer la pista falsa que puede dar un huizache.

Los saberes desbordan toda frontera y se comparten en la práctica cotidiana. Madres, hermanas, esposas, hijas, mujeres que aprenden de académicas que aprenden de madres que aprenden de funcionarios que aprenden de madres.

Las barreras de la experticia se diluyen, el aprendizaje fluye, se construye, está vivo.

Procurar.
Procurar es fundamental para la reproducción de la vida; a través de las acciones de procurar se puede asegurar la existencia en correspondencia de vida en el mismo lugar donde habitamos. También sirve para alentar y revelar los motores de esperanza de dinámicas sociales, culturales, políticas. Y puede conllevar el cuidar, renunciar a algo, dejar ir, emprender, lograr, interrogar, evidenciar, motivar, considerar, dialogar, decidir, autogestionar y la libre determinación en colectividad.

Agua que riega la tierra

Por Daliri Oropeza

Nichim toma la tierra húmeda con sus manos. Sostiene un tanto que abarca sus palmas, la masajea entre los dedos hasta que logra hacer una esfera. Mira fijamente los ojos de Sacal, su aprendiz:

—¿Y si me la llevo? —le susurra.

Desde el umbral de la gruta, se asoma dentro. Es oscuro. Se escuchan ecos. Es la primera parada que hacen después de caminar dos horas seguidas por el bosque en los Altos de Chiapas.

La pregunta de Nichim es en realidad una afirmación, llevará la tierra pues está en un proceso de experimentación con remedios hechos de la naturaleza.

—Imagínate, Sacal, esto casi es barro —dice Nichim mientras saca de su mochila un paliacate rojo para envolverla y guardarla con cuidado junto a los goteros de medicinas que preparó.

Una gota de agua escurre desde la roca de la gruta y le cae en la cara. Sacal la seca con su mano.

Nichim tiene el encargo de llevar las medicinas hechas con corteza del árbol *sangre de drago* a su comadre que vive en el bosque, pues no deja de quejarse de retortijón en el estómago.

La mujer de ojos grandes ya recorre el camino de memoria, desde la selva tzeltal del Municipio Autónomo Rebelde Zapatista donde está su casa, hasta el húmedo bosque de los Altos de Chiapas, mero en San Cristóbal de las Casas. Puede ser una caminata de un día entero, aunque también hay transporte público. Ella elige combinar pues el ambiente está muy húmedo: caminar una hora en la selva hasta llegar a la Urban, viajar dos horas y media, o tres si hace más paradas; bajar en los Altos y caminar otras tres horas.

Nichim toca de nuevo el suelo en la parte donde la tierra es menos oscura y toma otra muestra que, asegura, es tierra fértil:

—Mira, parece madera porosa por tantos minerales. Me la llevo.

Las mujeres se adentran en la gran cueva, que queda de paso. Así la pequeña Yijilu, hija de Nichim, puede conocer las entrañas de la tierra. En las penumbras, entre ecos y piedras con formas de cristales que escurren del techo de la cueva, platican sobre medicina. Nichim cuenta que tiene dos años trabajando "bien bien" con las plantas.

En los Caracoles Zapatistas tienen variedades de plantas y combinaciones para tratar enfermedades, pero entre una docena de compañeras tomaron la decisión de hacerlo más organizado: sembrar un huerto y cultivar muchas hierbas.

—En media hectárea tenemos variedades de plantas medicinales que conozco o que conocen otras compañeras. Sí. Ahí lo compartimos, ya lo que saben ellas o lo que conocen ellas, pues lo sembramos ya para que otras personas lo conozcan.

Es una tierra colectiva, ahí comparten la siembra, la medicina, la comida, los saberes… compartir, así lo han aprendido de sus mamás y sus abuelas.

Nichim es una mujer tzeltal que vive con su hija, Yijilu, en la cálida selva del Caracol III "Resistencia hacia un nuevo amanecer", La Garrucha, territorio del EZLN. Hoy viste pantalones de mezclilla, aunque también le gusta lucir el colorido bordado de punto de cruz propio de las mujeres de su comunidad.

Al caminar en la gruta, la pequeña Yijilu pide a las dos mujeres silencio. Busca algo.

—¿Escuchas, mamá, cómo suena el agua…? —no sabe hacia qué parte de la negrura apuntar su mirada.

La oscuridad no deja ver ni el brillo del agua que atraviesa por dentro de la montaña, aunque se escucha su fluir, huele entre los túneles; y las grandes rocas con formaciones circulares se sienten empapadas al tacto.

—Puede ser peligroso, Yijilu —Nichim la toma de los brazos y le advierte a su hija que este lugar es como viajar al inicio de la formación de la tierra y hay que respetarlo. Después de asombrarse de ello la pequeña suelta la mano de su mamá y retrocede del oscuro borde.

Nichim y su aprendiz Sacal siguen conversando mientras atraviesan la gruta lóbrega. Mejor dicho, Sacal hace cuantas preguntas vienen a su mente: ¿Cómo decidiste dedicarte a este tipo de medicina? ¿Cuántas plantas medicinales conoces? ¿Por ser zapatista la aprendiste? Nichim responde generosa a todas. Una de esas preguntas conecta el tiempo pasado con el futuro, a quienes fueron, a quienes hoy habitan la tierra:

—¿Qué pasaría si se olvida a quienes se rebelaron en armas contra los finqueros?

—Su memoria está en la siembra, en la tierra, en todo. ¿Cómo no? Si tú cosechas algo es gracias a ellos. Tienes alimento. Porque sin quienes se rebelaron, no tuviéramos tierras —responde la zapatista, quien guía a las mujeres para salir de la gruta.

Historia en la sangre

Al salir de la gruta a paso corto, la luz las deslumbra y quedan asombradas del frío húmedo que sentían dentro, entre rocas gigantes y ríos invisibles.

Ahí ya se pueden mirar. Nichim les relata que hace un par de años escuchó a María de Jesús Patricio Martínez, *Marichuy*, vocera del Congreso Nacional Indígena, cuando comenzó su recorrido por México para consolidar las luchas de los pueblos.

La comandanta Miriam del Ejército Zapatista de Liberación Nacional la recibió y le dio la bienvenida frente a miles de bases de apoyo zapatistas en el Caracol de Morelia. Con voz firme al micrófono contó "la historia de las mujeres, de las abuelas de nuestros bisabuelos, de nuestros tatarabuelos que fueron explotados en las fincas":

Nuestras abuelas cuando se enferman, el patrón nunca le da permiso a que descanse, sino que es obligado, tiene que trabajar y cuando se van en las haciendas en el trabajo a él lo maltratan, lo humillan, lo desprecian por ser pobres y por ser mujeres. Nuestras abuelas cuando trabaja en casa del patrón tiene que dejar listo lo que comen sus hijos y su esposo, cuando llega a la casa del patrón ahí ella tiene que agarrar un trabajo de lavar la ropa, de barrer la casa, lavar los platos y todo lo que le dicen el patrón tienen que hacer.

Las mujeres jóvenes trabajaban con el patrón, le obligaban a que quiere que lo atendieran pues en cuanto llega el patrón, le quita los zapatos, lo sacan, se llevan todo lo que necesitan para ir a bañar, es lo que hacen las muchachas y a veces ahí así son violadas.

Vestida con un vestido verde bordado y un mandil de cuadros azules, la comandanta Miriam relató esa noche de 2017:

Los finqueros nos quitaron la tierra, la lengua, la cultura, y las mujeres éramos esclavas o animales, se burlaban de nosotras amamantando. Pero los hombres se dieron cuenta de lo que el patrón le hacía a sus mujeres. Uno a uno fue saliendo, a refugiarse a las montañas. Es mejor salir, a que siga pasando.

—¿Y qué pasó con los finqueros? —pregunta Sacal a la mujer zapatista.
—Pues se fueron a la mierda.

Ambas ríen y sus risas tímidas se multiplican, hacen eco en la garganta del oscuro pasaje de la montaña. Yijilu también ríe, por una gota de agua que le cae en la cara y corre hacia la luz.

Apenas en el pasto, Nichim comparte lo que platicó hace unas semanas con dos señoras de su comunidad: recientemente cerca del mercado un finquero se volvió a quejar de lo que dice "era su rancho". Trescientas hectáreas de terreno en la zona de Ocosingo que, dijo, le fueron "tomadas por los zapatistas en 1994". Las mujeres que lo cuentan aseguran que le preguntaron a ese finquero qué opinaba de eso, a lo que respondió: "Si los zapatistas lo trabajan: excelente. Ya lo tengo olvidado". Las mujeres le hicieron otra pregunta:

"¿Todavía quiere recuperar ese terreno?" "No —dicen que les respondió, con cierto temblor—, porque los zapatistas son fuertes".

—Después del 94 fue que se recuperaron varios ranchos, haciendas que ahora están en nuestras manos, gracias a eso, gracias por la lucha de los compañeros que dieron la vida, entonces tenemos esas tierras que procuramos y, por eso yo creo que hay que seguir luchando —Nichim revira de inmediato—. ¿Por qué?, por la memoria de quienes luchan por estas tierras, que es cuidarlas, y si lo dejamos, estaríamos olvidando lo que somos y a quienes dieron la vida.

En junio del 1994, cinco meses después del levantamiento, los periódicos anunciaban la recuperación de 100 mil hectáreas en Chiapas. El EZLN provocó una ola de toma de tierras en todo el estado por parte de distintas organizaciones campesinas. El Comité Clandestino Revolucionario Indígena declaraba ese año que lo dicho por Emiliano Zapata en el Plan de Ayala estaba en el horizonte:

> En su palabra de los más viejos de los viejos venía también la esperanza para nuestra historia. Y apareció en su palabra de ellos la imagen de uno como nosotros: Emiliano Zapata. Y en ella vimos el lugar a donde nuestros pasos debían caminar para ser verdaderos, y a nuestra sangre volvió nuestra historia de lucha, y nuestras manos se llenaron de los gritos de las gentes nuestras, y a nuestras bocas llegó otra vez la dignidad, y en nuestros ojos vimos un mundo nuevo. Y entonces nos hicimos soldados.

En ese momento las nubes hicieron que los montes se vieran pequeños. Comenzaron a estancarse una tras otra. Relampaguea el paisaje. Truena el cielo. En vez de acelerar, las tres mujeres se detienen a contemplar. Dos de ellas voltean arriba, como si no creyeran que no hay goteo sobre ellas. Nichim camina y continúa:

—Para cuidar el territorio hay que trabajar, organizar a las compañeras. Con una sola persona no lo podemos cuidar, pero por eso nos organizamos con reuniones, pláticas, para darle más fuerza a las compañeras y seguir protegiéndolo —dice mirando los árboles. La montaña de la gruta quedó a sus espaldas—. Tiene que ser que caminemos de la mano con los hombres y mujeres, siempre y cuando con respeto. Las mujeres podemos hacer todo, todo, si nos lo proponemos, nosotras lo hemos visto en la comunidad, podemos trabajar en cualquier actividad, pero en nuestra organización no dejamos a un lado a los hombres, sino que estamos trabajando junto con ellos. Hay que caminar más rápido, Yijilu, ¡corre!

Compañeras unidas

Desde el inicio de la clandestinidad zapatista "llegó el día en que algunas compañeras fueron reclutadas… Y esas reclutadas fueron reclutando más compañeras. Pueblo por pueblo", dijo la comandanta Rosalinda en un auditorio frente a cientos de activistas, académicos, colectivos que participan de las estructuras urbanas del zapatismo en el seminario "El pensamiento crítico frente a la hidra capitalista" del 2015. Ahí estaba Nichim escuchando en la grada de atrás, ella recuerda las palabras de su compañera:

> Hicimos reuniones con más compañeras del pueblo, para darles explicaciones cómo se puede organizar en los trabajos colectivos y también explicamos que es necesario que haya compañeras milicianas, insurgentes, sí entendieron los padres y madres, sus hijas mandaron de ser milicianas, de ser insurgentes, y esas compañeras hicieron ese trabajo con muchas ganas, porque ya entendieron cómo está la explotación del mal sistema. Así empezamos la participación de las compañeras, cuando salimos a la luz pública, cuando ya no aguantábamos el maltrato que hacían los pinches capitalistas, ahí vimos que es la verdad que sí tenemos el valor y la fuerza igual que los hombres [dijo Rosalinda en el auditorio de la Universidad de la Tierra, Cideci, que ahora es parte de la organización de los Caracoles con el nombre "Jacinto Kanek"].

Nichim, Yijilu y Sacal comenzaron su recorrido en la urban para atravesar la selva. Ahora, bajan del transporte e inician el camino del bosque rumbo a la casa de la comadre. Caminan en la orilla de la carretera. De pronto, se meten por una vereda y comienzan a caminar rodeadas de pinos, encinos, oyameles, ocotes, árboles que Nichim reconoce y señala. Luego habla:

—Mira, en la organización primero está el respeto y los hombres que nos escuchen lo que opinamos. Lo que queremos. Por eso la comunidad sí que se ha logrado, sí que ha mejorado, queda alguno que otro macho, pero la mayoría ha cambiado y eso a mí me emociona. Por ejemplo los trabajos, si las mujeres no lo hacen pues ellos no se dan abasto. En cambio, ahora las mujeres pueden quedar haciendo otros trabajos y ellos otros, lo que haga falta. Y así termina uno más rápido.

Nichim se agacha y toma una hierbita que encuentra en el camino:

—Ésta es una planta que usan mucho en esta región, es para el estómago y mejorar el funcionamiento de los intestinos, la piden mucho por acá hombres y mujeres, en tintura o en té, se llama *chikchawa*.

Las tres analizan la planta de *chikchawa*. Nichim le arranca una hoja, la da a oler a la aprendiz con su mano.

—La autonomía también ha ayudado a disminuir la violencia en las familias por parte de los hombres a las mujeres, digamos que ha ayudado a la igualdad —le remarca cuando termina de oler la hoja.

Antes no era así.

Cuando ella era niña su papá no la dejaba salir. Al crecer, Nichim no comprendía eso de que las mujeres podemos hacer muchas cosas. "No sales porque eres mujer", resuena en ella. Pero ella es rebelde y buscó cómo salir. Su papá se molestaba. Hubo veces que tampoco dejaba a su mamá participar en la organización de la insurrección. Ella comprende a su papá y no lo culpa. Sabe que al pasar de los años comprendió que también las mujeres tienen derecho de hacer lo que se les antoje. Así su mamá participó en el 94 y a Nichim le recuerda siempre que es rebelde.

De ella heredó esa rebeldía Yijilu, piensa Sacal. Todo el camino, Yijilu ha escuchado atentamente a su mamá, aunque parece que todo en el bosque es motivo de juego, ella brinca, se agacha y serpentea los árboles para no ir en línea recta como las mayores.

Para motivar a que su hija camine con más rapidez, le dice Nichim que le tiene una sorpresa dentro de la montaña. El día sigue soleado, pero Nichim presiente la lluvia y lo expresa, para que apresuren el paso.

Las comunidades zapatistas se han fortalecido con la participación de la mujer, que salió de casa y ahora crea sus propios colectivos, como los hombres, a diferencia de las comunidades no zapatistas, donde las mujeres siguen siendo violentadas. Para ejemplificarlo Nichim pregunta:

—¿Sabes lo que le están haciendo ahora a mi prima? Es que ella ha tenido cinco hijas, mujeres, pero el macho (un tzeltal partidista) este quiere tener un hijo varón. Como mi prima no ha tenido el bebé él se molesta y la golpea. Él dice que la va a seguir embarazando hasta que tenga el hijo varón. ¡Imagínate! Allá nadie lo sanciona, porque no están organizados. Allá viven así, dispersos. Entonces ahí golpean. Se emborrachan. Todo pasa y no hay justicia. Antes había mujeres maltratadas en las comunidades zapatistas, ahora ya no porque lo castigan, un hombre que maltrate a una mujer se sanciona con trabajo comunitario.

Ésa es la justicia autónoma zapatista. En los Caracoles está prohibido beber alcohol o consumir drogas. No hay castigo más que con trabajo. Sin embargo, en gran parte del territorio chiapaneco no es así, persisten rituales mezclados con las religiones que tienen en su base la bebida fermentada de caña llamada *Pox*. Los hombres no suelen medir su modo de beber y se desencajan, tienen tendencia a ser golpeadores violentos. Las mujeres zapatistas se han dado cuenta de que esta triple opresión —ser mujer, ser pobre y ser indígena—, aunada a las violencias sistémicas que han recibido, atentan contra el conocimiento ancestral.

Como Rosalinda, la comandanta Ramona, quien desde la clandestinidad dirigía las tropas junto con otras seis mujeres, está presente en la vida de Nichim. Son inspiración para procurar lo avanzado por las zapatistas. Nichim recuerda a Ramona como tejedora de hilos, ideas, personas. De las tejedoras, aprendió a unir los conocimientos, las luchas, las mujeres, las colectivas, las cuestiones de salud.

Ramona, una de las mujeres más visibles en el levantamiento zapatista, fue quien recogió la palabra de sus compañeras bases de apoyo para crear la Ley Revolucionaria de Mujeres, dada a conocer el mismo día que declararon la guerra al Estado. Desde esta ley las zapatistas nos enseñan que sentimos y le entramos parejo.

No se alcanza a ver el cielo por tantos árboles, pero hay nubes. La sensación del sol arrecia con la humedad. Descubren el río porque comienza a sonar. Lo cruzan en un lugar donde no es caudal, andan a la par de su vereda.

Sobar con las plantas

Las tres mujeres avanzan al borde de una ladera, desde donde se ve el río correr debajo de ellas. El bosque tiene un armonioso sonido de golondrinas, gavilanes y viento.

Nichim recuerda mientras avanzan que cuando el EZLN entró en la etapa de ejercer la autonomía, y los Aguascalientes pasaron a organizarse como Caracoles, ella decidió capacitarse primero en la Clínica Autónoma de La Garrucha. A Nichim le interesó primero la "medicina moderna", como ella llama a la técnica alópata. En los hospitales, además de estar lejos, no daban atención médica a personas indígenas por no hablar castilla. El reclamo de las comandantas del EZLN ha sido firme en el tiempo: hijos e hijas se morían de enfermedades curables. Los hospitales parecían atender sólo a gente con dinero, blancos.

—Desde la primera vez que participé (en el EZLN) tuve un cargo. Y aunque no quieras, tienes que hacerlo. Pues sí. A uno le toca, no tienes experiencia, pero ahí te van enseñando o vas aprendiendo. Entré como promotora de salud, pero yo ni sabía…

Primero Nichim fue responsable de un área de salud en la clínica, luego la eligieron como capacitadora y ahí es donde se topó con la complicación de explicar a las mujeres mayores en tzeltal, los términos y remedios alópatas que aprendió en castilla.

En su familia siempre han usado las plantas para sanar. Su abuela era partera y conocía muchos remedios, especialmente para la salud de las mujeres. Curaba con tés y baños. Nichim tiene memorias nítidas de cómo su mamá, su abuela, las criaron con plantas para cualquier malestar. Cuando Nichim comenzó a trabajar en forma como promotora mezclando la medicina "moderna" que aprendió mezclando con la tradicional, empezó a procesar las plantas en tinturas. Habla del remedio de *sangre de drago* que le lleva a su comadre:

—La resina que saca el árbol es rojo igual que la sangre y se coagula como la sangre. Cuando se raya, saca la resina, y la resina se obtiene en la luna tierna, en la luna llena no. Y es que si lo intentaras en luna llena no saldría la resina del árbol.

Las tres mujeres llegan a una parte del bosque donde tienen que cruzar de nuevo el río. Ahora toca pisar entre grandes rocas, algo verdosas. Suena el golpeteo del agua con las piedras. Mientras pasan, parece que el agua acaricia los pies con el sonido. De alguna manera esa vibración llega directo por la piel a las orejas. Al avanzar más ven cómo las nubes densas y oscuras abrazan los montes. Quieren apresurarse pues aún les falta cruzar la gruta. Asegura que es consciente de que a veces la vida depende de una consulta médica.

Su misión no es sólo curar, le interesa compartir el conocimiento ancestral para usarlo como motor de su labor, para que otras se animen a usarlo. Nichim aprendió que hay muchos medicamentos alópatas que te curan una enfermedad, pero te dañan en otra zona del cuerpo. En cambio, las plantas no hacen daño. Le anima ver que la gente vive bien, por eso guarda esas recetas de los antepasados.

Después de varios minutos de andar acompañadas del agua, Sacal toma su celular y les pide que escuchen su grabación, entre trinos y chicharras perdidas, la voz de Marichuy, mujer medicina:

> Ocultaron con violencia el saber de la medicina tradicional. Por tener un conocimiento transmitido en la familia, ya los consideraban brujos, gente mala que se convertía en animal para hacer el daño, y estas personas que decían que eran curanderas eran asesinadas. Por eso no te decían que sabían curar por temor a la represión, a que los mataran.

No es un delito ejercer un conocimiento que se ha heredado, es una herencia, y esa herencia hay que cuidarla.

Así como han menospreciado y violentado el conocimiento ancestral, así todo lo que proviene de la raíz indígena.

No termina el audio cuando Nichim interviene:

—Yo hablo por todas las compañeras. Cuando hemos salido en grupos, sí hemos recibido racismo y discriminación —señala con su mano hacia dónde hay que subir el monte—. En esa selva de donde soy hay mucha gente mestiza que no le cae bien la gente indígena. Los productos que vendemos allá en el mercado es mal visto o es regateado, porque ven que es de una persona indígena. Son violentos, lo hemos vivido.

Las mujeres como ella marcadas por la opresión: ser pobres, indígenas y mujeres. Cuando las zapatistas hablan de su caminar siempre hacen referencia a esta triada. Una lucha de las mujeres que no se nombra a sí misma feminismo, pero que reconoce las violencias como espejo entre quienes comparten tradiciones y provienen de los pueblos.

Yijilu pide el celular para tomar fotos de las flores que las rodean. Nichim continúa:

—Muy pocos son los que comprenden, escuchan. Son pocos los que le dan, pues, valor a una persona indígena, que es la que cultiva los alimentos que comen, son cabeza dura —las dos mujeres se ríen con complicidad—. Para vivir con dignidad nos queda luchar y organizarnos más, entre pueblos.

Las tres desfilan alejándose de la vereda del río, que a veces crece y a veces está contaminado y oloroso. Yijilu usa el celular para ver las texturas brillantes de cientos de familias de hongos creciendo. Les toma fotos. Es cautelosa y procura no pisarlos, sólo rodearlos.

—Los hongos son seres místicos, sagrados, como dioses en la naturaleza y en las historias.

Nichim se refiere a la cultura tzeltal, ella sabe reconocer si son alimenticios o no, pero todos importantes. Se agacha. Sin ellos no habría mitos tzeltales. Su presencia es de sabiduría en la tierra, asegura. Se multiplican y crecen con agua. Como los Caracoles Zapatistas, que también se multiplican.

—Ésta, como ves, vamos caminando y a veces la pisamos, crece mucho pues es el diente de león, es buena para el estómago y la tos. Parece cualquier planta, ninguna es cualquier planta, ¡Hasta el pasto se utiliza para medicina!

Agua que riega

Ya lejos del río, en medio de los árboles, Nichim les comparte tamales y elotes hervidos que traía en su mochila, cuando terminan de comer les pide que miren el bosque, todo a su alrededor. Escuchan las aves, las chicharras y, en medio de esa armonía, los recuerdos de esta zapatista:

—Hemos recibido amenazas por parte de paramilitares o militares mismos que pasan por las comunidades, la mayoría hombres.

Las zapatistas mantienen un cuidado constante de su territorio desde el levantamiento. Si antes lo recuperaron de los finqueros, ahora lo hacen de paramilitares y criminales que quieren sus tierras para sembrar. Nichim recuerda una de las últimas amenazas en su municipio autónomo, hace no más de tres años:

—Intentaron entrar paramilitares a invadir, pues como ven que es extenso el terreno... Dijeron: bueno, lo queremos también. Y entraron un grupo de 20 y ellos iban bien armados. De hecho son narcos y llegaron con motos, con armamentos, pero de los buenos... Fíjate que intentaron varias veces, en varias ocasiones y ¿qué crees?, je, je, je ¿quién ganó?

Nichim recuerda que hubo enfrentamientos fuertes. Como tres veces, pero que al final los compañeros zapatistas ganaron.

—Y no tuvieron ganas de volver los narcos. Querían la tierras para sembrar amapola y mariguana, pues están coludidos con el gobierno.

Si bien en su sostén el EZLN tiene una estructura miliciana, la recuperación de tierras en 1994 y la ahora defensa del territorio está en manos de las denominadas bases de apoyo zapatistas, que son las comunidades que viven en los Caracoles, organizadas en torno a los siete principios del mandar-obedeciendo, y que ejercen la autonomía pero no necesariamente forman parte de la estructura militar. Son quienes se han dedicado a ser promotores de salud, de educación, de justicia autónoma, artísticos o de cooperativas, las cuales procuran en su mayoría las mujeres.

Después de más de tres horas caminando la pequeña Yijilu quiere un descanso. Las mujeres se acomodan en un paraje con pocos árboles. Miran las montañas de los Altos entre la profundidad de las nubes oscuras que anuncian sus relámpagos de agua. No sólo el camino es ahora cuesta arriba. Al mirar atrás Nichim sabe que la lucha ha sido con mucho esfuerzo y con la participación de las mujeres.

—El cuidado del territorio es muy importante, pues hemos visto en otros lugares que hay mucha contaminación, tala de árboles. Y lo que hacemos ahí con las compañeras es hablar: qué es lo que le hace daño a la tierra. Por ejemplo, la tala de árboles le afecta al agua y sin agua no podemos tener plantas o alimentos. Entonces, hacemos pláticas sobre eso —dice Nichim.

En este periodo sexenal se ha incrementado la defensa del territorio ante los megaproyectos como el tren maya o transístmico, zonas industriales en Morelos, Puebla, gasoductos en el norte, en el sur. El EZLN previó antes de que llegara un nuevo gobierno (en 2018) el incremento del despojo. Eso llevó a la comandancia a proponerle al Congreso Nacional Indígena (del cual son parte) llevar de manera legal una candidatura indígena a la presidencia. En asambleas nacionales, comunitarias, definieron aceptar la propuesta, pero postular a un Concejo Indígena de Gobierno y sólo registrar a una mujer indígena como su vocera: Marichuy.

Marichuy es una mujer nahua de Tuxpan, en el sur de Jalisco. Ella se transformó en inspiración para las zapatistas. De ahí nacieron los encuentros de mujeres que luchan. Quizás sin ese proceso de articulación que fue la campaña-recorrido de Marichuy, las comunidades estarían al borde del quiebre profundo que ha implicado el desgarramiento del tejido social en los últimos años de guerra, para las comunidades desde hace 500 años y hasta en el obradorismo de hoy.

Las tres mujeres ahora descienden del monte. Nichim recuerda ese día que vio a Marichuy por primera vez y reflexiona:

—Con la organización nada es imposible, todo es cuidado conjunto. En cada esquina es cuidado, sabemos, puede pasar algo hasta allá lejos, pero nosotras nos comunicamos rápidamente, en menos de cinco minutos estamos ahí presentes. Nosotras estamos atentas y volamos, si es posible.

Marichuy despertó algo en Nichim. Preservar las semillas que tenemos es cuidar la tierra, pero también el conocimiento ancestral. Hay mucha gente que ahora usa semillas que no son nativas, y pues lo que hacen como mujeres zapatistas es cuidar las semillas, alejar los químicos.

—Hay unas plantas que requieren un cuidado específico. Hay plantas especiales y plantas que no son tan tan especiales. Es como nosotros, las plantas también escuchan, respiran, tienen un espíritu, por eso hay plantas especiales y otras que no.

Terminan las veredas monte abajo. Las mujeres permanecen un rato escuchando el río en su zona más caudalosa.

—Escuchar el agua correr por una hora puede sanar el espíritu —susurra Nichim.

Al caminar Nichim señala hacia un árbol de donde cuelgan flores blancas, en forma de campana larga. Con mucho cuidado toma una hoja desde el inicio de su tallo y la desprende sin siquiera mover las ramas.

—Toma porque te truena la rodilla.

"¿Cómo escuchó?", piensa Sacal en ese momento.

—Cuando lleguemos te la pones con agua caliente para que te deje de sonar.

Después de cuatro horas de camino llegan a la casa de la comadre. Las nubes no dejan de mostrar su esplendoroso cúmulo de agua. La comadre lleva días con dolor, ardor, presión de estómago y sin comer. Tiene heridas internas, pero con *sangre de drago* y *chikchawa* se va a curar, Nichim está segura.

—Somos pobres, tal vez económicamente, pero de otras cosas no, tenemos alimentos, tierra, podemos trabajar, tenemos mucha sabiduría, entonces cómo puedo decir "soy pobre", si tan sólo para organizarnos eso es riqueza, porque sabes cómo organizarte, entonces no eres pobre, tienes tu tierra, puedes tener todo, entonces para mí no existe la pobreza. Vienen jóvenes, niñas, que tienen que seguir viviendo bien.

Las tres mujeres esperan que la comadre abra la puerta. Es una casa de adobe, con una cocina fuera que está abierta, de donde sale el olor a café. Todo tiene techo de lámina. Las densas nubes se revientan en el cielo y sobre las mujeres caen las primeras gotas de agua. Esa agua que riega la tierra.

Sanar.
Restituir la salud perdida. Reparar la vida.
Reconectar el corazón; recontarse con el corazón.

Cuidar a las que cuidan

Por Marcela Turati

La curandera oaxaqueña sentía que se le escapaba de entre las manos el cuerpo de la mujer a la que masajeaba, se alejaba como si alguien más la jalara por la espalda y se la arrebatara. El golpeteo con las yerbas medicinales o el pase del huevo que absorbe las malas vibras no eran suficientes: una resistencia impedía la alquimia de la curación. Por más oraciones, la sanadora sentía que una espiral sin fondo se chupaba toda su energía.

Sorprendida y frustrada, la curandera Lourdes Rendón comprendió que no podía hacer más. Recomendó a su paciente visitar a un chamán más experimentado y éste después le explicó que la desconocida se dedicaba a buscar cadáveres de mujeres desaparecidas. Que de tanto empeñar su fuerza para arrancarle vida a la muerte se estaba quedando vacía.

Fueron tres semanas de masajes sanadores, terapias ancestrales, yerbas de olor, tés de plantas curativas, descanso, abrazos y compañía las que ayudaron a la mujer desconocida a recuperar su energía. Hasta que sintió fuerza para regresar de donde vino.

Ése fue uno de los casos más complejos que Lourdes recordaba en el año 2015, cuando la conocí en Oaxaca. No el único. La historia se ha repetido desde que, con su hermana, comenzó a atender a mujeres de su propio Oaxaca, luego de todo México y ahora venidas de distintas partes de Mesoamérica, que requieren distintos cuidados a los normales. Todas ellas defensoras de derechos humanos.

"A las defensoras ya no les asusta el miedo. Son valientes, arriesgadas, muchas veces se olvidaron de sí mismas", narró Lourdes esa tarde cuando nos conocimos.

Como la experta que ya era, dijo: "Hay defensoras de mucho tiempo que no sienten el dolor, su cuerpo está acostumbrado a vivirse con estrés, a decir 'yo siempre he sido así, no sé por qué me duele la espalda'... hasta que dejan de caminar. Dejan que el dolor les abarque su cuerpo y tienen mucho problema de espalda, cuello, cadera, insomnio, dolor, cansancio, porque cargan más de lo que pueden".

"Una vitamina del médico no les hace nada", agregó.

A Lourdes le gusta recibir a esas mujeres. En ellas aplica las técnicas heredadas por los ancestros. Practica distintos métodos porque, lo sabe bien, cada persona requiere un tratamiento especial. Se emociona, por ejemplo, por la familia de la defensora guatemalteca que salió más fortalecida después de sus terapias en las que sus hijos y su marido pudieron expresar el miedo, consecuencia de las brutales amenazas de muerte contra ella. O por la abogada que ya incorpora en su rutina diaria rezos, prende veladoras, cuida su espacio con flores o a veces medita a partir de entender que la fuerza propia es insuficiente cuando se está en contacto con violencias tan brutales. Cuando se le echa energía buena a la mala.

"Yo recomiendo que se haga caso a ella misma, que recupere su propia energía porque ya ha dado suficiente energía atendiendo casos de violencia y se está quedando sin ella", dictaminó esta mujer. "De cada uno tiene que surgir cómo hacerlo, para esto no hay receta."

En las afueras de la ciudad de Oaxaca, en su amplia y antigua casa de rancho habilitada para dar terapias tradicionales, *Las Lulús* —como la gente llama a las dos hermanas dedicadas a la sanación— reciben a pacientes que llegan quejándose porque durmieron mal o les agarró un aire, están asustadas o tienen alguna dolencia, o que buscan limpias contra algún mal de ojo. También atienden "los casos de Yésica", como se refieren a las mujeres enviadas por la abogada Yésica Sánchez Maya.

Lourdes las comenzó a atender cuando la organización feminista Consorcio le pidió ayuda. Las Lulús formaron parte del sueño que ese año apenas era una semilla: crear un proyecto que abrace a las defensoras de derechos humanos; inventar un espacio dedicado a sanar, cuidar de las mujeres que cuidan de otras personas y de la vida.

I. La raíz

En el trayecto hacia la casa de Las Lulús, Yésica Sánchez me explicó que yo no podía hacer este reportaje sobre el autocuidado si antes yo misma no me dejaba cuidar. Me notaba cansada y sabía que había estado enferma.

Cuando llegamos al rancho las hermanas ya me esperaban en la puerta. De pronto me encontré descalza, parada sobre un petate y la Lulú que no he mencionado (la hermana mayor) me daba golpecitos con ramas de olor por el cuerpo. A ratos rezaba, otras veces sorbía agua y con la boca hacía ruidos escandalosos a lo largo de mi cuerpo. Después me pasó un huevo crudo de arriba abajo que al partirlo dejó salir una yema amarilla, redonda, bonita, señal —según me explicó— de que no estaba tan enferma.

En un cuarto frío, adornado con un póster que muestra las conexiones entre la oreja y los órganos humanos, la Lulú que sí había mencionado me hizo un masaje craneal y un chequeo médico en el que iba mostrándome fotos de órganos si percibía algo. Con base en su diagnóstico me colocó semillas de mostaza en la oreja. Antes de despedirme me dio un té para calentar el cuerpo y dos goteros con esencias de plantas curativas.

En el camino de ida a la oficina de Consorcio, Yésica Sánchez me contó los casos que ese día debía acompañar: el de la defensora hospitalizada después de que la quisieron linchar sus adversarios y las mesas de diálogo con el gobierno para buscar medidas de protección para una mujer golpeada.

Yésica Sánchez tenía 37 años, dos hijos, un pelo largo y ondulado con llamativos mechones grises. Siempre viste de ropa tradicional oaxaqueña.

La vi por primera vez en el 2006, durante la insurrección popular contra el déspota gobernador Ulises Ruiz. Entonces tenía

29 años, era directora de Liga Mexicana por la Defensa de los Derechos Humanos (Limeddh) y se convirtió en referencia obligada para los periodistas. Yésica recorría, valiente, las cárceles en busca de activistas detenidos, atendía mesas de negociación con el gobierno, documentaba balaceras, amenazas, torturas, desapariciones, asesinatos; tomaba denuncias a las víctimas de los agentes de gobierno y sus grupos paramilitares, arrancaba detenidos a la policía federal y todas las noches recorría las barricadas ciudadanas para informarse de los últimos sucesos.

Cuando los líderes y las lideresas del movimiento popular fueron encarcelados y la gente organizada estaba bajo acoso, Yésica fue perseguida y tuvo que esconderse de una orden de aprehensión en su contra por daños a la propiedad de la nación (la acusaban de incendiar la ciudad), sedición y terrorismo. Varios líderes huyeron luego de la violenta represión, pero ella se quedó en Oaxaca, viviendo a salto de mata.

Meses después, agotada por la persecución y con su segunda hija en etapa de crianza, Yésica aceptó la invitación que le hizo la antropóloga feminista Ana María Hernández para ser abogada de mujeres víctimas de violencia intrafamiliar en la organización que ella fundó: Consorcio para el Diálogo Parlamentario y la Equidad-Oaxaca. Yésica podría así bajar el perfil, soltar el cable de alta tensión al que se había agarrado.

Ahí Yésica comenzó a tejer otra historia cuando empezó a tomar conciencia sobre sí misma. Y tres años después las historias que se habían entretejido en Consorcio se entrelazarían con la de otras defensoras en riesgo.

II. El sueño

Una mañana de 2009 en la Ciudad de México, Yésica Sánchez y Ana María Hernández estaban en casa de Lydia Alpízar, entonces directora de la organización internacional feminista Association for Women's Rights in Development (AWID), junto con Marusia López, coordinadora de JASS Asociadas por lo Justo para Mesoamérica. Las amigas se sentían impactadas porque una compañera guatemalteca acababa de ser secuestrada, torturada y atacada sexualmente.

Sentían que en toda Mesoamérica había una clara persecución contra las defensoras: amenazas de muerte, campañas de desprestigio, órdenes de aprehensión, asedio, enfermedades. Los asesinatos iban en aumento.

Conmovidas, tocando sus propias historias, enlazándolas con las de otras, lloraron juntas y, como otras muchas veces, se preguntaron qué podrían hacer. Si valía la pena unir fuerzas para que los perpetradores pagaran un costo más alto por dañar a quienes defienden la vida, la tierra, a su gente.

"Discutimos por dónde la apuesta y al final pactamos, creamos una alianza que permitiera construir algo para salvar a las compañeras defensoras", recordó Yésica Sánchez.

Coincidían en que a los gobiernos no les interesa salvar a las defensoras y que hacía falta un diagnóstico sobre la violencia estructural que enfrentan.

"Nuestros estados no garantizan protección y seguridad a defensores y era necesario articularnos entre nosotras para generar datos, diagnósticos, propuestas que demostraran cómo esa violencia era especial por componentes de género", recordó la antropóloga Ana María Hernández.

No pensaban construir una red, sino generar un espacio para comprender lo que estaba pasando y qué tipos de estrategias tenían para cuidarse. El primer paso era entender la situación de violencia contra las defensoras en cada país, el marco jurídico, definir a cuáles organizaciones era importante involucrar, gestionar recursos, trazar un programa de trabajo y convocar a una reunión para pensar estrategias, explicó Lydia Alpízar.

Un año después, en abril de 2010 en Oaxaca, 55 defensoras de derechos humanos de 49 organizaciones de México, Guatemala, Honduras, El Salvador y Nicaragua —algunas de derechos humanos, otras feministas—, respondieron varias preguntas: ¿Qué significa ser defensora? ¿Cómo estamos? ¿Qué violencia enfrentamos? ¿Qué necesitamos? ¿Necesitamos vincularnos?

Las organizaciones JASS, Consorcio, AWID y Unidad de Protección a Defensoras y Defensores de Derechos Humanos Guatemala (Udefegua) facilitaron la articulación para enfrentar las emergencias, documentar la violencia para entenderla, denunciarla y establecer estrategias para disminuir riesgos. Todo con enfoque feminista.

Del encuentro se originó un informe sobre la situación de las defensoras y en cada país donde se presentó fueron articulándose redes de mujeres. Pasó en México, Honduras, El Salvador, Guatemala y más recientemente Nicaragua. Pronto esas redes comenzarían a entrelazarse unas con otras bajo el nombre de Iniciativa Mesoamericana de Mujeres Defensoras de Derechos Humanos (IM-Defensoras), a construir un método para protegerse ante amenazas y a preguntarse, en voz alta y en colectivo, cómo hacer otras formas de activismo sostenibles. Y a buscar las respuestas.

La semilla

Cada país tuvo su propia historia. Ésta es la de la red mexicana dicha por Yésica Sánchez: "Después del encuentro de 2010 propusimos formar un grupo de trabajo y convocamos a compañeras de la red más activas".

Bajo esa urgencia se unieron fuerzas feministas con rivalidades históricas y activistas de derechos humanos: mujeres expertas en el manejo de albergues de alto riesgo, otras en terapias a sobrevivientes de violencia, en incidencia política, en obtención de financiamiento... Todas pusieron su experiencia para construir en colectivo. Y así, la red se fue tejiendo.

Se creó un Grupo de Acción Urgente con protocolos de atención a emergencias y de seguridad.

Aunque en México ya existía el mecanismo federal de Protección a Personas Defensoras de Derechos Humanos y Periodistas, desde el inicio decidieron que, por incapacidad del Estado mexicano, la respuesta a los ataques sería desde esta iniciativa ciudadana.

"Pudimos construir nuestro propio mecanismo, pactos, estrategias, direccionar recursos, hacer mapeo, brindar acompañamiento social, psicológico, de autocuidado y publicaciones", dijo Yésica Sánchez con orgullo aquel día de 2015 que nos encontramos.

"Aunque cada miembro trabaje diferente tema, nos junta la necesidad de aumentar el costo político de las amenazas, de responder al unísono ante cada acción urgente, de generar red para que las compañeras se sientan acuerpadas cuando son atacadas, de generar análisis de riesgos y herramientas de autocuidado", explicó Ana María Hernández.

Atziri Ávila, quien fue coordinadora de la red de defensoras mexicanas, explicó que "no solamente estamos respondiendo a la emergencia sino intentamos construir métodos de largo alcance y nuevas formas de prevención con las defensoras para no estar sólo reaccionando (a cada incidente de seguridad)".

En uno de esos encuentros para seguir construyendo mecanismos para cuidarse, las compañeras hicieron dibujos de mariposas, paisajes, corazones. Uno pegado en la pared, escrito con dificultad, decía: "Ponerle cerco de madera a mi casa".

El parto

Un diagnóstico basado en cuestionarios aplicados a mujeres de todas las regiones marcó los problemas sobre los que trabajarían los próximos años.

La mayoría de las mujeres defensoras respondió que, además de su labor de defensa, trabajaban de cuatro a seis horas diarias en casa y cuidados familiares. El 90% no recibía un salario; 88% sufría varias formas de estrés; 81% tenía algún padecimiento que requería atención; 60% no había tomado vacaciones un año antes y 55% no tenía seguro médico. La mitad, para sostenerse, hacía otro trabajo. Esto implicaba una triple jornada laboral.

Al interior de la red de cada país crearon sus áreas de incidencia y comunicación, de atención de emergencias y de seguridad. Y a paso más lento, entre 2012 y 2013, compartieron sus propias técnicas de autocuidado y reflexionaron qué significa el *cuido* colectivo y la sanación.

Los dos años siguientes la Iniciativa Mesoamericana logró fortalecer, mediante un financiamiento de la lotería holandesa, las redes nacionales de defensoras y los proyectos de seguridad y autocuidado que cada red elegía como prioritario. Así, por ejemplo, en Honduras las defensoras decidieron que uno de los apoyos iría a pagar la compostura de los dientes de una compañera que había sufrido violencia por su pareja, y cuya falta de dentadura le afectaba en la autoestima. En otros casos fue para reforzar la seguridad de oficinas o casas, realizar talleres, diagnósticos y manuales, o explorar métodos curativos, muchos de origen indígena, y sistematizarlos para todas.

En México, además, se utilizó para dar refugio, apoyo jurídico, físico y psicológico a mujeres amenazadas que debían ser sacadas de su hogar y resguardadas temporalmente.

Las Lulús comenzaron a recibir cada vez más defensoras a quienes sanaron para arraigarlas a la vida.

El refugio

En agosto de 2013, en la ciudad costeña de Pinotepa Nacional, en el estado de Oaxaca, la disputa con el municipio por la propiedad de las tierras había escalado. Varios líderes de la organización territorial Unión Cívica Democrática de Barrios, Colonias y Comunidades (Ucidebacc) en su lucha por el reconocimiento a la propiedad habían sido encarcelados. Una de las líderes, Eva Lucero Rivero, fue amenazada con un mensaje a su celular: "TU NO ENTIENDES MALDITA PERRA T QIERES MORIR TENTE LASTIMA".

Una tarde ella caminaba por el centro de esa ciudad cuando la alcanzó una motocicleta con dos tripulantes. Uno de ellos, pistola en mano, le apuntó y disparó varias veces. En el lugar encontraron tres casquillos percutidos; ella salió ilesa.

Cuatro días después, de madrugada, la policía entró a la fuerza a su casa a arrestar a su esposo Librado Baños Rodríguez. El hijo de ambos, de 10 años, fue golpeado de un culatazo cuando quiso defender a su papá. La señal era clara: tendría que refugiarse. Le tomó la palabra a Emilie De Wolf, quien la llamó desde Consorcio Oaxaca para ofrecerle ayuda.

Ya se había salvado de una emboscada de la policía donde hubo balazos, de una segunda emboscada y de llamadas en las que le decían: "Cállate o te vas a morir, si no haces caso va a morir tu hijo".

"Tuve que salir al siguiente día por un tiempo. Hui como si yo hubiera matado a alguien y yo no había hecho nada. Aquí me abrazaron y me arroparon como si fuera una de ellas, gracias a ellas tuve dónde comer, dónde dormir", narró la mujer bajita, de cara redonda, a mediados de diciembre de 2015 en el jardín de las oficinas de la organización. Además de recibirla, Consorcio le dio atención psicológica y médica.

Contó que durante la estancia en Oaxaca tomó conciencia de sí misma (aunque se dedica a luchar por la tierra no se asumía como defensora), de sus emociones (se sentía culpable de haberse salvado y no estar en la comunidad, en el activismo, en la marchas) y lidió con el hecho de ser desplazada.

"En los talleres de autocuidado aprendí que no es necesario demostrar la valentía o ponerme en riesgo estando ahí, que nos tenemos que cuidar más, crear nueva manera de generar activismo desde el autocuidado —explicó cuando la conocí—. Y en (las sesiones de) análisis de riesgo deduje que viene algo más fuerte."

En Oaxaca recibió los cuidados de Las Lulús y repensó sobre la áspera rudeza de su militancia. Como el plantón callejero que durante un mes hizo con su colectivo.

"En el plantón me olvidaba dónde quedaba yo, mi hambre, mis miedos, mi hijo. Ya no aguantaba, era un cansancio desesperante y cuando vino el desalojo me vino la rabia, no me percaté que discutí con un hombre con la mano en el gatillo, lo enfrenté y le dije: 'Si nos vas a matar mátanos ya, ahorita'. Cuando pasa el intento de asesinato sentí que era el final, que no iba a ver mi hijo… era un miedo, no podía controlar mi manera de respirar, me pasó mi vida como en una película", recordó con los ojos a punto de las lágrimas. El hijo que mencionó estaba cerca, con el uniforme de la escuela.

Tomó aire y agregó: "Qué contraste, quiero la lucha pero no a costa de mi vida".

Ese día las *Consorcias* —como les llaman de cariño— estaban tristes e inquietas porque iban a despedirse pronto de Eva Lucero Rivero, quien volvería a Pinotepa a la lucha. Se sentía fuerte. Durante sus meses en Oaxaca tuvo contacto con otras defensoras amenazadas, en cuyas historias se sintió reflejada y junto a quienes aprendió a cuidarse. Se siente más segura. Su marido, que en ese tiempo estaba encarcelado por su activismo, se enojaba cuando ella lo visitaba y notaba sus nuevas ideas feministas y su empoderamiento. Le costó trabajo aceptar los cambios de Eva Lucero.

"Aquí hemos concluido que sentir miedo no es vergonzoso, es un derecho, podemos sentirlo. Nos tragamos nuestras lágrimas frente a los compañeros, tenemos que ser duras y tragarlas porque al interior de las luchas hay machismo para que no nos vean más o menos débiles o nos quieran asignar nada más a cuidar a los hijos o a hacer comida."

Emilie De Wolf, experta en seguridad y acompañamiento de casos, desde Consorcio se encarga de monitorear a mujeres como Eva Lucero, contactar a las defensoras amenazadas, ofrecerles alternativas de acción y armar con ellas rutas para visibilizar el caso y atenderlo jurídicamente si se requiere, así como de proporcionar herramientas (acompañamiento psicosocial, fortalecimiento energético o el análisis de riesgo) para que continúen en la lucha de forma más segura.

De todo México, Oaxaca es uno de los estados donde se registran más ataques contra defensoras, principalmente en las zonas incomunicadas, con alto grado de machismo e involucradas en luchas comunitarias de defensa de tierra y contra los megaproyectos como las eólicas y las mineras.

No todas son víctimas de agresiones. A muchas de ellas su compromiso con el activismo las somete a tal estrés que las desconecta de sus necesidades, las tiene enfermas, deprimidas, en crisis familiar o de pareja.

"Una de las primeras cosas que se trabaja con ellas es la identidad de defensoras. Hacen un trabajo de defensa de derechos humanos pero no se nombran como defensoras; muchas denuncian violencia contra las mujeres o corrupción y ni siquiera saben que por hacer eso son defensoras —explicó Emilie De Wolf—. Queremos dejar de ver sólo a las abogadas que trabajan en organizaciones de derechos humanos; también el ama de casa de Juchitán que denuncia los proyectos eólicos es defensora comunitaria, como las que defienden sus derechos contra las mineras o hablan en las radios comunitarias."

Antes de despedirnos Eva Lucero Rivero dijo algo que aprendió: la red "salva vidas, la red nos da caparazón". Lo hace al visibilizar sus historias y dotarlas de herramientas para que se cuiden, analicen sus situaciones de riesgo, elaboren sus planes de seguridad y aprendan un "activismo más saludable" en el que piensen en sí mismas, sin culpa.

"A las mujeres nos gusta cuidar a los compañeros, a los hijos y cuidarnos suena egoísta, pero si estamos sanas vamos a resistir más y a dar pasos más firmes. Estar bien emocionalmente te permite tener la fortaleza para luchar contra ese monstruo que es el Estado."

El autocuidado es, pues, una decisión política.

Los mandatos

Para Ana María Hernández —antropóloga social, terapeuta Gestalt y en salud holística, fundadora de Consorcio— la historia de Eva Lucero Rivero refleja las necesidades de atención diferenciada: mientras los hombres amenazados pueden viajar solos y encargar a sus familias, las mujeres salen sólo con sus hijos. Eso requiere conseguir escuela y refugios amigables para infantes.

La atención implica que las defensoras reconozcan sus límites como personas, se reconecten con sus necesidades, trabajen sus miedos.

En su diagnóstico encontraron que otras fuentes de riesgo provienen del plano personal y laboral: la violencia y prácticas machistas en su familia y organizaciones. Además, la visión de sacrificio: ese "mandato patriarcal" inculcado desde la infancia de que las mujeres deben cuidar a todos, olvidándose de ellas mismas, es el que más daño ha hecho.

"Aquí no sólo vienen las que son difamadas o atacadas o en riesgo de los tradicionales perpetradores; también compañeras en crisis en sus organizaciones derivada de la violencia machista, discriminación o violencia de pareja que las pone al límite de no seguir en la lucha o las que vienen de crisis personales con estado de extenuación emocional derivada de la escucha y el acompañamiento de situaciones de violencia que necesariamente te afectan", explicó Ana María en la visita en 2015.

Como las demás, en el encuentro feminista mundial en Turquía, al honrar a defensoras fallecidas ese año, notó que 60% murió por cáncer. Ésa fue otra revelación: las enfermedades nos matan.

"Estos riesgosos silencios debilitan los movimientos, obstaculizan el entendimiento entre compañeros de trabajo. Muchas mujeres no tenemos pareja porque no nos dimos cuenta que nos desconectamos o vivimos con hijos descuidados por estar imbricados en nuestro trabajo.

"El enfoque de autocuidado es de por lo menos atacar las emergencias cuando están al borde de tirar la toalla o cuando sientes que tu labor no tiene sentido o te pones irónica frente al sufrimiento humano porque ya viste todo, porque así es la vida, que puede aceptar más y soportar más porque el umbral del dolor se va estirando.

"No sólo es cuidarte porque eres tú sino por lo que representas. Si te pasa algo lo que pierde el movimiento es muchísimo. Por eso el autocuidado es una herramienta política. Cuando marcamos límites estamos potenciando el trabajo que hacemos".

Yésica Sánchez, emocionada al escuchar a Ana María, habló de la felicidad que siente cuando, después de acompañar a alguna defensora, ésta acepta que está en riesgo y hace algo para protegerse.

"Nosotras no lo hicimos cuando estábamos en riesgo", dijo conmovida.

Los cuidados

En la primera visita a las oficinas de Consorcio encontré a todo el personal en el salón de juntas: era día de la cita mensual de autocuidado a la que dedican toda la mañana para convivir, llevar la vida personal, conflictos de la oficina y aprender técnicas para dialogar y cuidarse.

Una vela encendida, una artesanía en forma de pájaro y una caja de clínex estaban al centro. Alrededor, 10 sillas. Un psicólogo externo conducía la sesión de todo el equipo: directivas, abogadas, psicólogas, recepcionistas, administradoras, becarias y voluntarias. Sólo faltaba Yésica Sánchez que tuvo audiencia.

El equipo estaba integrado por mujeres (una está cambiando de sexo a masculino) de diversas edades, la mayoría mexicanas pero algunas extranjeras. Sus luchas no son las del feminismo clásico. Lo mismo pueden atender un conflicto de tierras, a una mujer golpeada, rescatar a una defensora amenazada, asesorar a una comunidad o denunciar la violencia obstétrica.

Las Consorcias han sufrido campañas de desprestigio, amenazas y allanamientos. Desde 2012 se comprometieron a hablarlo todo para protegerse, se instauraron estos encuentros aunque no todas querían hacerlo. Para varias era una pérdida de tiempo dejar un día las emergencias para convivir con las demás, meditar, respirar, ensayar gritos de rabia o hacer rituales.

"¿Para qué les sirve este espacio?", les preguntó ese día el psicólogo facilitador y en el grupo se escucharon distintas respuestas: "Para entender a algunas compañeras, su forma de ser"; "Me despierto sintiéndome perdida, avasallada, con dolor y tristeza ante una realidad que me duele y en este espacio me siento rescatada"; "Aquí siento el derecho a ser débil y rescatar lo humano"; "Valoro el espacio para reconocer el conflicto y confrontarnos desde donde sentimos, sacar el enojo y liberar la energía negativa"; "Me permite ver a las compañeras como personas, lo que representa para cada una la realidad que enfrentamos"; "Soy más suave conmigo"; "Aprendo a reconocer que no siempre estoy bien"; "Hablamos de las fricciones entre nosotras por las comprobaciones de viáticos"; "Se da la confianza para abrir lo que traemos"; "Aquí ponemos en práctica la necesidad de cuidarnos y de entender que debo estar bien para poder rendir; materializamos que lo personal es político". Estos acuerdos las han hecho más congruentes en su vida, pues trabajan su propia violencia.

En 2006 Consorcio fue de las pocas organizaciones feministas que participó en el movimiento popular de Oaxaca y atendió emergencias como sacar del país a compañeras amenazadas. Con los allanamientos de 2012 y 2013 —en los que robaron información— y las llamadas amenazantes, supieron que era urgente cuidarse.

La primera vez que descubrieron que extraños habían estado en sus oficinas no supieron cómo reaccionar. Lanzaron la alerta en la red mexicana y tuvieron el apoyo de Clemencia Correa, experimentada psicóloga colombiana integrante del área de autocuidado, quien les puso ejercicios para recrear los momentos del peligro, cómo se enteraron y cómo se sentían, cuál fue la reacción de cada una. También pensaron entre todas cómo podrían sentirse más seguras.

Nadie del equipo renunció, como suele ocurrir en las organizaciones en momentos como éste. Por eso, abrir espacios para compartir lo que sucede a cada integrante del equipo impacta en la sostenibilidad del trabajo.

Desde entonces el autocuidado es una directriz dentro de la oficina. El que fueron desarrollando y compartiendo con defensoras de Mesoamérica.

"Si enfrentamos un ambiente hostil fuera, necesitamos espacios para trabajar nuestros miedos y los límites porque así potenciamos nuestro actuar. Los que nos atacan querrían meternos miedo, desmembrarnos, disuadirnos, pero no lo han logrado: las redes salvan", dijo Ana María Hernández.

Conforme las Consorcias descubrieron nuevas fuentes de estrés establecieron nuevas reglas. Por ejemplo, salir de la oficina a las seis de la tarde. Poner límite. O, cuando menos, estar conscientes de tratar de ponerlo.

El abrazo

Para 2014 ya habían parido y cristalizado colectivamente la red mexicana, la red en Oaxaca, y la Iniciativa Mesoamericana. Pero Ana María Hernández y Yésica Sánchez todavía no completaban un sueño.

Desde el inicio imaginaban una casa donde las defensoras pudieran encontrar cobijo, nutrirse, descansar, recuperar fuerzas.

En 2016 el sueño se volvió realidad. En Oaxaca inauguraron una casa amplia, luminosa, rodeada por un jardín. La habilitaron como un abrazo y le llamaron La Serena. La organización alemana Pan para el Mundo apoyó para que la compraran.

Los principios que guían la casa son:

1. **Lo personal es político:** queremos mirarnos como sujetas políticas que practican para sí lo que desean para otras personas.
2. **Qué sentido tiene la revolución si no podemos bailar:** reivindicamos el derecho al gozo, al placer, al disfrute de su propio cuerpo.
3. **Los espacios para la defensa de derechos humanos y el activismo no son idílicos:** permanente revisión y deconstrucción de la cultura machista, patriarcal, de explotación y autoexplotación.
4. **La defensa de los derechos humanos o el activismo no son un sacrificio:** no hacer el trabajo a costa de dejar de comer, dormir, descansar, divertirse.
5. **El bienestar no es un privilegio, es un derecho:** el desgaste puede afectar nuestra seguridad y relaciones.
6. **Ni el dinero ni el tiempo son una limitante:** hay que tener disposición de cuidarnos.
7. **Cada persona y colectivo conoce sus propias necesidades:** cada quien define qué es lo que requiere a partir de escuchar honestamente sus necesidades.
8. **El autocuidado es personal y colectivo:** los colectivos pueden generar acuerdos para políticas internas de cuidado.
9. **La sanación es un proceso vivo y repara la vida:** la espiritualidad, la conexión y arraigo con la vida y la naturaleza son actos transformadores frente a los modelos depredadores de la violencia.

Entre 2016 y 2019 La Serena recibió a 337 defensoras quienes han probado lo que significa llevar una vida más amorosa hacia una misma. Muchas dejan escrito en un cuaderno su experiencia.

En 2017 la periodista chihuahuense Patricia Mayorga y su hija adolescente, Mariana, fueron recibidas aquí cuando regresaban a México de su estancia en Perú, donde se refugiaron tras el asesinato de Miroslava Breach, la colega con la que compartía riesgos y amenazas por denunciar a grupos narcopolíticos que siembran terror en la Sierra Tarahumara.

Necesitaban prepararse para el futuro próximo: estaban a punto de separarse. Mariana debía continuar sus estudios de preparatoria en México, Patricia volvería a Perú, pues aún no había condiciones para regresar a su tierra natal. Patricia recuerda lo siguiente:

> Recuerdo que primero recibimos un temazcal donde nos guiaron y hablamos de cómo nos sentíamos con nuestro cuerpo, qué queríamos cuidar. Usando barro, sábila, exfoliantes, nos guiaron para aprender a vernos, a hacer conciencia del propio cuerpo, escucharlo, hablar de él. Era inusual: Mariana y yo no hablábamos de ese tema en el día a día. Ahí se fue destrabando la comunicación. Ella, aunque es tímida, fue hablando de inquietudes de su adolescencia. Sintió seguridad de hablar de cosas que generalmente no hablamos: de su cuerpo, de su desarrollo.
>
> Luego tuvimos unos masajes, recuerdo que duraron como tres horas. Mariana si acaso había recibido un masaje en su vida, fue superrelajante y comenzó a hacer conciencia de su cuerpo y quererlo más.
>
> Las Lulús, con sus terapias, nos revelaron que teníamos sensibles el hígado, especialmente yo, de tanto coraje atorado, y que teníamos sensibles los riñones que es donde se acumula el miedo. Hasta ese momento nosotras no habíamos reconocido el miedo que sentíamos. Con ellas fue más fácil.
>
> Esa semana que pasamos en La Serena nos dejaron nuestros espacios a solas para que habláramos lo que teníamos que hablar, teníamos cenas vegetarianas. Ana María fue nuestra terapeuta, ella miraba el diagnóstico que le pasaban de todos los masajes y actividades, y fue hilando, hilando, ayudándome a procesar atorones que cargo desde

niña y que se han convertido en patrones que repito con Mariana. Fue ayudándome a sacarlo y a ponerlo sobre la mesa para procesarlo. Y a Mariana también le dio mucha fortaleza interna.

Después, un masaje de reflexología me ayudó a entenderme y tener contacto con mi sexualidad; la había dejado de lado por muchos años que pasé sin ponerle atención. Entendí que no debo dejar ese aspecto al azar, a la vida, sino que tengo que decidir lo que quiero.

La experiencia esos días fue de arraigo al cuerpo, a las emociones, y a comunicarnos nosotras.

El último día junto a un árbol en el patio nos hicieron una limpia de despedida con yerbas e incienso que nos pasaron por el cuerpo. Tuve una conexión automática con mi abuelita, que siempre fue para mí una figura fuerte de refugio, de seguridad.

Desde que tuve que salir de Chihuahua (en abril de 2017) y el tiempo que pasé en la Ciudad de México, cuando vivimos en Perú y en los días que estuve en Nueva York antes de regresar a México no había podido llorar mi exilio. Había llorado muy poco. Pero con esa limpia de despedida me solté llore y llore. Mariana puso cara de alegría, vio que soy humana, que me duele, que expresé sentimientos atorados.

Esos días pudimos hablar de nuestros miedos, compartirlos. Fue relajante, liberador, de mucho arraigo a nuestra tierra, a la vida, a nosotras.

Ahí planeamos nuestra estrategia a seguir para los meses siguientes. Le dije: "Mi misión es irme, cuidarme, trabajar y mandarte dinero para que sigas. Y la tuya es terminar en la prepa, estar bien, cuidarte, y la de las dos, sobre todo, es ser felices".

La Serena

La casa está en medio de un jardín rodeado de bardas pintadas con murales de mujeres unidas entre ellas y con la tierra, el maíz, símbolos indígenas y paisajes de vida.

Un grupo de defensoras africanas viajó a Oaxaca para conocer la experiencia de la Iniciativa Mesoamericana. En La Serena su anfitriona es Ana María Hernández, también directora de la casa, quien con su equipo contará esa historia que comenzó aquella mañana de 2009 cuando junto con Lydia Alpízar, Marusia López y Yésica Sánchez se preguntaban qué hacer ante el oscuro panorama de violencia que se agudizaba y cómo mujeres muy diversas fueron sumándose a pensar en voz alta y en colectivo y a sembrar algo nuevo.

Lydia les habla del caminar recorrido; Margarita Quintanilla, defensora originaria de Nicaragua e integrante de la Red Mesoamericana, les cuenta cómo respondieron a las amenazas masivas contra defensoras y cómo las protegieron, a algunas con refugios en otros países —México entre ellos—. Les comparte con detalle cómo funciona el registro mesoamericano de agresiones, creado en el 2012 por la Iniciativa, que les permite analizar tendencias, cuantificar amenazas y comprender las formas de violencia y presuntos agresores en esta parte de la región.

La treintañera Itzel Guzmán les da el recorrido por La Serena. Empieza en la sala de alfombras y cojines donde las defensoras recuperan el movimiento de caderas al ritmo marcado por tambores.

"Es para lograr la conexión con la energía sexual y con la tierra", dice la joven encargada de la casa.

"Cuando vives violencia la libido y la creatividad se bloquean", complementa Ana María Hernández, y ambas desgranan sus aprendizajes: los chakras en desequilibrio se traducen en enfermedades, la yoga combate la rigidez en la vida, la antigimnasia libera emociones atoradas en el cuerpo, la digitopresión mejora la ansiedad. Lo que más llama la atención a las mujeres africanas es la piedra de obsidiana en forma de huevo que, como explica Itzel Guzmán, introducida en la vagina ayuda a despertar la energía sexual y limpiar bloqueos si se sincroniza con el ciclo lunar. Sabiduría ancestral.

Pasamos a una amplia y luminosa cocina de colores pálidos que, nos explican, es el sitio más importante de la casa porque en las cocinas las mujeres reconstruyen lazos, se acompañan, se platican sus historias.

Aquí comienza el autocuidado: las defensoras suelen comer mal o a deshoras y en esta cocina Ángela intenta hacer la alquimia para que tomen el gusto por cocinar con productos naturales, semillas, jugos ayurvédicos y poca carne. Ángela es la cocinera y aprendió de sus antepasados la cura a través de la comida. Las papayas, los romeros y el té de limón son cultivados en el huerto de la casa.

Las yerbas en La Serena también se usan para limpias de energía, se transforman en gotas, pomadas sanadoras y jabones aromáticos con textura.

"El primer sentido que va al trauma es a través del olfato, lo que hueles va directo al cerebro. Aquí ocupamos mucho jazmín y geranio para recuperar lo femenino", continúa la explicación.

Desde que llegan a la casa las inquilinas identifican sus fortalezas, debilidades y dolencias a través de un mapa corporal que ellas mismas pintan: éste será la carta de navegación para diseñar las terapias, individuales y personalizadas, que cada defensora recibirá durante los 10 días de estancia. Los diagnósticos pueden tener similitudes. Los pulmones son los órganos que las defensoras tienen más afectados (asociados a la tristeza), riñones (miedo), hígado (impotencia y enojo), articulaciones (bloqueos más ancestrales), garganta (expresiones bloqueadas), sistema digestivo (situaciones difíciles de procesar), nalgas (relación con la madre).

Para algunas de las huéspedes estos días son sus primeras vacaciones. Otras necesitan atención ginecológica o dental, pues entre las emergencias que atienden la propia salud pasa a segundo plano.

En la estancia hay libros para pensarse a una misma. Entre ellos hay una bruja hecha con hojas secas de maíz, regalo de una activista hondureña. En el patio hay hamacas para el descanso. Los cuartos tienen vista al jardín. El recorrido termina frente a una pared de vitrales y pinturas, junto está una mesa con máscaras de barro hechas a mano: son los rostros con los que se autorrepresentaron las mujeres que vivieron unos días aquí.

Las visitantes están agradecidas, esta experiencia nutrirá la *Feminist Republik,* ese lugar seguro que recién fundaron, entre defensoras de varios países africanos.

Lydia Alpízar dice orgullosa que están por abrir dos casas similares en Centroamérica donde harán posible esta otra forma de militancia en la que lo personal es político. Porque, como repiten las fundadoras de la Iniciativa retomando el nombre de un libro, "¿qué sentido tiene la revolución si no podemos bailar?"

Antes de llegar a La Serena las seis mujeres africanas experimentaron un baño ritual indígena y aprendieron que se llama "temazcal", recibieron masajes energéticos, disfrutaron comida oaxaqueña, visitaron ruinas arqueológicas y escucharon la historia de la Iniciativa Mesoamericana contada por quienes trabajan a diario para darle vida. En la despedida reciben un papalote de latón como regalo.

Las defensoras mesoamericanas que se nutren en este hogar reciben un estuche morado con un recetario de tés medicinales, un frasquito con aromaterapia para relajarse y una libreta rosa donde practicarán la autoobservación y registrarán incidentes cotidianos que les recuerden buscar formas más amorosas de hacer su labor y los compromisos adquiridos consigo mismas.

Brindamos con mezcal. Debajo de un árbol una mujer nos invita a coger un gran racimo de romero, albahaca y ruda. Tomadas de la mano, acomodadas en un círculo, ponemos el manojo de plantas en el corazón de la compañera de junto y recibimos en el nuestro el toque de otras ramas. Así, fundidas en ese abrazo, agradecemos nuestro potencial de sanación y transformación.

Habitar. El diccionario define habitar como el acto de vivir, morar. Nosotras aprendimos que habitar es reconstruir y resignificar los espacios con un sentido de vida. Guardarle su lugar a quienes ya no están. Habitar y que nos habiten. Dejarnos abrazar por su memoria.

Ahora caminamos juntas

Por Erika Lozano

Compañeras, debido a que el día de hoy fue encontrado al interior de Ciudad Universitaria el cuerpo de una mujer asesinada, estamos convocando a marchar al interior de la universidad el día viernes 5 de mayo. Nos reuniremos en la Facultad de Ciencias Políticas y Sociales a las 2 p. m. frente al auditorio Flores Magón. Caminaremos juntas hacia donde fue encontrado el cuerpo de nuestra compañera (quien aún no ha sido identificada) donde realizaremos un acto político sororario con nuestra compañera, para después caminar juntas a Rectoría y hacer ahí una concentración y una lectura de diferentes pronunciamientos y exigencias a las autoridades de la universidad.

NO MÁS VIOLENCIA DE GÉNERO
NOS QUEREMOS VIVAS
NI UNA MENOS
COPIEN Y PEGUEN EN SUS MUROS, COMPAÑERAS <3
NUNCA MÁS SOLAS, AHORA
CAMINAMOS JUNTAS

Convocatoria difundida en redes sociales, 3 de mayo de 2017.

Recuerdo mi sensación cuando leí la noticia ese 3 de mayo, dos días antes de la protesta: una joven fue asesinada junto a una caseta telefónica en la UNAM, en el jardín conocido como Camino Verde del Instituto de Ingeniería. Me sentí asombrada e indignada. No podía despegarme de la computadora ni dejar de mensajearme con mis amigas para acompañarnos porque todas nos sentíamos profundamente tristes.

La tarde del 5 de mayo de 2017, dos días después del crimen, la rabia de casi 3 mil mujeres desbordó los pasillos y jardines de Ciudad Universitaria. Lo veía desde lejos, pues vivía en la ciudad de Monterrey, al norte de México y a mil kilómetros de aquella movilización. Habían llegado convocadas, a través de Facebook y otras redes sociales, por algunas compañeras —jóvenes feministas organizadas— que sentían el deber de hacer algo por el feminicidio de esa joven mujer hasta entonces desconocida para nosotras. Era impensable amanecer con la noticia de que una compañera había sido víctima de feminicidio en un espacio universitario y la respuesta debía ser proporcional al agravio para exigir justicia.

Esa tarde escuchamos su nombre: Lesvy Berlín Rivera Osorio, ella nos faltaba. Los rostros de la furia, del coraje y de la dignidad, como dijo su madre, Araceli Osorio, se dieron cita en ese lugar que muchas habitan a diario.

Tristeza que mobiliza

Dian Esbrí es fotógrafa de movimientos sociales, geógrafa y activista. El 3 de mayo estaba en su casa en la Ciudad de México cuando se enteró de que habían encontrado a una joven sin vida en las instalaciones de Ciudad Universitaria. Para ella fue una noticia muy fuerte, no porque no hubiera violencia en esa zona sino porque lo interpretó como un mensaje directo para todas las mujeres. Dian Esbrí y sus amigas no sabían mucho del hecho, salvo que una joven le faltaba a alguien. ¿Qué hubiéramos querido que hicieran por nosotras?, se preguntaron. Decidieron que su manera de apoyar era convocar a marchar el 5 de mayo. Les parecía muy urgente salir y habitar la universidad, ese espacio que no sentían suyo. Salir y reclamar justicia por Lesvy porque ella ya no podía hacerlo.

El 3 de mayo, el mismo día en que Lesvy fue asesinada, compartieron un mensaje de exigencia y convocaron a sus demás compañeras a hacer lo mismo. Pensaron que llegaría muy poca gente, entre 50 y 150 personas, pero el 5 de mayo a la hora citada ya había 3 mil personas esperando que saliera la marcha de la Facultad de Ciencias Políticas y Sociales.

Estaban sorprendidas, no esperaban tal respuesta. Desde la huelga de 1999, que peleaba por la universidad gratuita, en la UNAM no se había realizado una movilización tan grande. Era un día histórico, una marcha de mujeres y para Lesvy.

Las convocantes acordaron que sólo hablaría la familia, aunque no tenían la certeza de que acudieran y tampoco la conocían. La mamá de Lesvy, Araceli Osorio, y su padre, Lesvy Rivera, estaban velando el cuerpo de su hija cuando les dijeron que en esos momentos se llevaba a cabo una manifestación universitaria. Decidieron ir al campus y Araceli tomó el micrófono:

> No es posible que se siga cometiendo este tipo de abusos por parte de las autoridades donde las mujeres siempre tenemos la culpa de lo que nos pasa, de nuestra realidad [...] Nos van creando un mundo donde las mujeres son lo peor, ni siendo niñas nos salvamos de eso. Quiero agradecerles por esta muestra de solidaridad para con mi hija. En su momento vamos a manifestar nuestra palabra y nos gustaría que de esa palabra se haga eco, creo que ésa finalmente era la misión de mi hija [...] Ella quería aprender lenguas y ése era su interés, las artes, la filosofía, la lectura, extremadamente lectora desde los 5 años porque ella decía que quería ser ciudadana del mundo [...] Es momento para que nos podamos conocer y seguirnos manifestando, seguir entrelazando nuestros dolores pero también nuestras esperanzas, porque no podemos ser un pueblo que viva del miedo [...] No estamos solos, no estamos solas. Ni una muerta más, ni un feminicidio más, ni en la UNAM, ni en México.

Las palabras de Araceli resonaron fuerte entre las compañeras que convocaron a la movilización. Un año antes se había realizado el primer paro feminista en la historia de la universidad para denunciar acoso y abuso sexual al interior de sus facultades. Entonces se tejieron y fortalecieron algunas redes, una comunidad descubría su voz como mujeres organizadas. Ya había un cuestionamiento hacia las autoridades sobre la inseguridad al interior de la universidad y se empezaban a construir espacios en donde las amigas, las estudiantes, las compañeras, las profesoras, las trabajadoras, se cuidaban entre ellas. Dian cuenta que para ellas sentirse seguras no implicaba poner más cámaras o vigilancia sino estar al pendiente de las otras, organizarse, acompañarse.

Araceli Osorio, madre de Lesvy, venía de velar a su hija y de realizar trámites burocráticos y revictimizantes, cuando encontró a miles de personas acompañándola y reclamando justicia por Lesvy. Meses después, pensando en aquellos días, dice que lo que hicieron las asistentes a esa marcha fue acudir a una cita con la historia: intervenir así la Ciudad Universitaria y decirles a las autoridades "no les creemos, le creemos a ella, le creemos a su cuerpo y su cuerpo dice que no, que de ninguna manera esa mujer joven pudo haberse quitado así la vida".

Apenas dos días antes el novio de Lesvy le llamó para decirle que su hija estaba desaparecida y juntos fueron a levantar una denuncia a la Procuraduría. Mientras la familia estaba buscándola, las autoridades encontraron el cuerpo de Lesvy pero no le informaron. Por el contrario la seguían saturando con trámites burocráticos. La madre y el padre de Lesvy se enteraron cuando una burócrata despistada del Centro de Apoyo Sociojurídico a Víctimas de Delito Violento (Adevi) les ofreció servicios funerarios. Les dijo que una joven había sido encontrada muerta en Ciudad Universitaria y que se trataba de su hija. La familia de Lesvy apenas comenzaba los trámites para recuperar su cuerpo y en los medios de comunicación ya difundían información filtrada desde la Procuraduría.

Las autoridades les hablaron de la hipótesis del suicidio. Sus padres pensaron que esa hipótesis no era cierta y decidieron no cremar su cuerpo ni donar sus órganos como ella hubiera querido, por si se necesitaba realizar una autopsia posteriormente. Después buscaron un panteón para enterrarla. Y aunque las autoridades de la Ciudad de México les recomendaron no ver redes sociales, supieron de la manifestación convocada para el 5 de mayo. Araceli Osorio no daba crédito de la falta de sensibilidad y humanidad que los servidores públicos en turno habían mostrado hacia su familia, y al mismo tiempo veía que afuera, más allá del laberinto burocrático, cientos de personas denunciaban un feminicidio y exigían justicia aun sin conocer a Lesvy.

Esa marcha del 5 de mayo fue uno de los primeros espacios reparadores para la familia, recuerda Araceli. Porque antes de decir si su hija se había suicidado o no, las asistentes a la marcha eligieron reclamar, conocerla y exigir por ella. Se identificaron, piensa Araceli, porque Lesvy era una joven con un proyecto de vida como ellas.

Rita Canto es una de las mujeres que llegó a la marcha. Es investigadora y profesora universitaria. Esa tarde del 5 de mayo en la UNAM, dice, fue determinante para ella porque sintió que debía involucrarse en el acompañamiento a familiares de víctimas de violencia contra mujeres. La transformaron las palabras de Araceli, la madre de la joven asesinada, su forma de habitar el espacio, de andar, la dignidad y entereza con que se pronunció aquel 5 de mayo del 2017. Y entonces el terror se volvió en otra cosa.

Rita cree que las mujeres de la protesta comenzaron a conocerse entre ellas y conocieron a Araceli. Que conociéndose pudieron pensar y generar respuestas contundentes al horror, al machismo, a la violencia y al feminicidio; pasar de la rabia a un proceso de resistencia.

Ella cree que la gran mayoría de las compañeras que conoció a partir de esa marcha, con quienes ha coincidido en este caminar, "no son de este planeta". Cree que deben pertenecer a un planeta mucho más humano y que esa humanidad que vinieron a imprimir a este acto de terror y de humillación colectiva tuvo que ver con la forma en la que se puso a funcionar un saber muy grande, con procesos donde la voz, la mirada y la escucha van por delante.

Arte para no olvidar

Estamos fuera del edificio 1909 de la calle Luz Saviñón en la colonia Narvarte, un barrio céntrico de clase media en la Ciudad de México. Es el 4to Festival de Arte Para No Olvidarte. Han pasado cuatro años de aquel 31 de julio de 2015 cuando nos arrebataron a Alejandra Negrete, a Mile Martín, a Nadia Vera, a Rubén Espinosa y a Yesenia Quiroz, quienes fueron brutalmente asesinadxs dentro de un departamento. Rubén era periodista y Nadia activista, ambos habían recibido amenazas, por eso huyeron del estado de Veracruz y estaban desplazados en la capital.

Cuando supimos del crimen, algunas personas sentimos un miedo profundo. El gremio periodístico al que pertenecía Rubén y la comunidad de artistas activistas a la que pertenecía Nadia se movilizaron de inmediato. Salimos a la calle para abrazarnos, vernos a los ojos, llorar juntas. Hubo protestas en distintos lugares del país, del mundo y también fuera del edificio donde les quitaron la vida.

En 2016 conocí a Itzamná Ponce, pareja de Rubén y amiga de Nadia. Es creadora escénica y le decimos Itza. Me contó que el 31 de julio del 2015 ella estaba en su casa en Xalapa, Veracruz; que habló con Rubén a mediodía y quedaron de encontrarse al día siguiente en Puebla para ir a una comida con la familia de Itza. Más tarde intentó comunicarse de nuevo con Rubén pero él ya no contestó. Itza no se preocupó, pensó que se le había terminado la pila del celular. Por la noche volvió a llamar a su casa y Rubén no había llegado. Le pareció muy extraño pero un amigo le dijo que había hablado con él, que estaba bien.

Esa noche Itza no pudo dormir. Cosmos, el perro que tenían ella y Rubén, también estaba muy inquieto.

Amaneció el 1 de agosto y a las 6:00 a. m. una amiga que cuidaría a Cosmos mientras Itza viajaba vio a un hombre en la calle junto a su casa; preguntó a quién buscaba y él le dijo "a ti no". Se le hizo sospechoso, pero no le dio más importancia.

Más tarde Itza viajó rumbo a Puebla. Rubén seguía sin contestar el teléfono, ella se enojó pero al llegar al lugar de la cita, donde él no estaba, se preocupó. Llamó a Alma, hermana de Rubén, nadie sabía nada y empezaron a buscarlo preocupadas porque estaba desaparecido. Después Alma llamó a Itza, llorando. Sólo le dijo: "Estoy afuera del edificio donde estaba Rubén, no sé qué pasa y hay policía".

Itza viajó a la Ciudad de México, su hermano la acompañó. Estaba preocupada pero se esforzaba por pensar que todo estaría bien, que seguro ocurrió algo que se podría arreglar. Al llegar a la capital supo que habían matado a Rubén, también a Nadia y también a otras tres mujeres que no conocía. Fue un golpe tras otro.

Un pequeño homenaje que hemos podido construir colectivamente en memoria de Alejandra, Mile, Nadia, Rubén y Yesenia es el Festival Arte Para No Olvidarte. Cada año tomamos la calle y nos acompañamos para recordar sus vidas a través de la música, de la danza o de la palabra. El Festival es un acto que insiste en nombrarles y recordar lo que les pasó, es una forma de volver a decir que no creemos en la versión oficial, como no lo hemos hecho en otros casos. Les creemos, sí, a las voces de nuestrxs compañerxs que tuvieron que huir, que fueron perseguidxs. Les creemos a sus cuerpos lastimados.

El Festival es una forma amorosa de hacerle frente al sinsentido en el que quieren que permanezcamos. Es un espacio de amigxs para amigxs, una pequeña comunidad que se resiste al olvido. Ha sido difícil acercarnos a algunas vecinas y vecinos de la zona, porque aún persiste el miedo de hablar y nombrar el crimen que allí ocurrió.

Reconstruirse

¿Existe tal cosa como la reparación del daño cuando hay violencias tan extremas?

Dian Esbrí, una de las convocantes a la marcha por Lesvy en Ciudad Universitaria, cree que muchas veces las mujeres no se sienten seguras dentro de los espacios educativos, pues las autoridades universitarias no reconocen la emergencia ni acompañan a sus estudiantes que han sido víctimas de violencia, mucho menos previenen futuras situaciones. Dian piensa que no hay reparación posible con estudiantes asesinadas y desaparecidas, pero que la universidad podría ser más segura si se desarticularan las redes de poder ahí dentro. Y sobretodo, cree en la importancia de las redes de mujeres porque, dice: "las redes de mujeres salvan vidas".

Rita Canto, quien llegó a la marcha del 5 de mayo de manera espontánea y ahora acompaña a familiares de mujeres desaparecidas en la Ciudad de México, cree que lo reparador es organizarse. Dice que los espacios ya están en marcha, que son espacios de reconocimiento donde ejercemos el derecho a no desaparecer y a no ser asesinadas. Las mujeres en la Ciudad de México estamos caminando juntas de maneras inéditas y en lugares abiertos que, considera, nos permiten tener un espacio de sanación. No sabe si es sanador para las víctimas pero sí para las personas que caminan con ellas. Esto es importante porque ante la violencia, la comunidad asume el agravio de forma grupal. Rita piensa que la respuesta colectiva da esperanza y que a partir de los nuevos procesos (o estos procesos) tendremos nuevas fortalezas para enfrentar las violencias que vivimos.

Para Araceli, la madre de Lesvy, guardar el lugar de las ausentes es una forma de reparación. Habla del sentido que tienen las consignas y la relevancia que toman: dice que "ni una más" es un compromiso y que decir "no estamos todas, nos faltan ellas" es una forma de memoria colectiva. Poner una veladora, una flor, es guardarles su lugar y reconocer que falta una pieza en esta comunidad, que esa ausencia nos deja incompletas a todas. Pero ellas seguirán aquí mientras las recordemos y nombremos.

Itza, amiga de Nadia y pareja de Rubén, asesinadxs en 2015, cuenta que han sido años muy complicados. Enfermedades, caída del cabello, taquicardia, desmayos, cosas que nunca había sentido en la vida. Tuvo que encontrarle sentido de nuevo a su camino, reconocer sus heridas y consecuencias en el cuerpo. Tuvo que aprender todo de nuevo, encontrar la fuerza para levantarse todas las mañanas. Pero cree que, cuatro años después, pudo lograrlo gracias a la solidaridad de personas que compartieron su dolor e indignación por el crimen en distintos lugares del mundo. Eso le hizo sentir que no se podía quedar inmóvil. Entendió que a partir de la herida y la tragedia también se construyen comunidades. Volvió a acercarse a las artes escénicas, su profesión, aunque siempre con la pregunta ¿qué hacer ahora con esta pérdida?

Entrelazar dolor y esperanza

Cada 3 de mayo, cuando se cumple un año más del feminicidio de Lesvy, nos convocamos junto a la caseta telefónica en el jardín del Instituto de Ingeniería de Ciudad Universitaria donde le arrebataron la vida. Es una jornada artística con música y talleres, con sus compañeras de la estudiantina, sus maestras, amigas, familiares y también Tío Michael, su perrito. Cada año se organiza una marcha en ese lugar para seguir exigiendo justicia y durante la noche una velada en la caseta telefónica. Una noche juntas, pasando las horas y compartiendo café, pan, fruta. Antes de las 4:18 a.m., hora en que Lesvy fue asesinada, se hace una limpia y un ritual guiado por La Estirpe Ancestral, quienes fueron compañerxs de tradición espiritual de Lesvy.

Para Rita, la caseta telefónica es un lugar muy simbólico. Cuenta que el primer año fue muy difícil regresar ahí. Recuerda que había en el aire mucha tristeza, indignación y también era muy fuerte y doloroso en términos emocionales por la gravedad del crimen que ahí se cometió. Rita cuenta que en el segundo aniversario el ambiente ya se sintió diferente: quienes estaban ahí ya eran como una familia pasando un buen rato, viendo cine, escuchándose, riendo. Rita piensa que la caseta ya no es ese lugar del terror, es ahora un jardín como dice Araceli, un jardín de la memoria.

El festival que hacemos cada año al pie del edificio donde cometieron el crimen de la Narvarte es un memorial vivo. Rita piensa que es una fiesta, como un ritual para exorcizar el horror, el dolor, es escribir en el espacio público. Y agrega que aunque sea un momento, unas horas dentro de todo un año, ahí se imprime algo de la historia, del tiempo y de la dignidad de quienes ya no están y de quienes ahí se reúnen.

¿Cómo nos imaginamos que esto que estamos haciendo por Lesvy, por Nadia, Rubén, Yesenia, Mile, Alejandra afectará a las siguientes generaciones? Sayuri Herrera, una de las abogadas de Lesvy, dice que es importante recordar de manera pública, lo cual implica un compromiso político, pues es importante que la comunidad universitaria sepa lo que hicimos para responder a esto. Dian Esbrí piensa que hay un compromiso de usar nuestra voz para que exigir justicia por el feminicidio de Lesvy no se quede en nosotras y esta lucha pueda heredarse. Compartir las herramientas que hemos construido y aprendido estos años para las que vienen; también se heredan los cuidados y el cariño. Para Dian es importante hacer el trabajo pensando en las siguientes generaciones, construir una memoria universitaria con marchas, foros, memoriales que recuerden a quienes nos fueron arrebatadas. No olvidar a las que faltan.

Todo está por construir

Han pasado más de dos años del feminicidio de Lesvy y más de cuatro años de las ejecuciones de Alejandra, Mile, Nadia, Rubén y Yesenia y pienso en el camino recorrido. Yo no conocí a ninguna de ellas pero comencé a conocerlas a través de sus seres queridos. Dian, Rita, Araceli, Itza y yo, así como muchas otras compañeras —que no he podido sumar a este relato pero su trabajo y cariño están aquí puestos—, nos encontramos en medio de esta guerra y decidimos acompañarnos, nos hicimos familia. Estoy convencida de que así vamos a construir un lugar distinto donde habitaremos todos los espacios que nos fueron negados, donde les seguiremos guardando su lugar a nuestras compañeras, donde podremos contar nuestra historia juntas.

Creo que es importante no olvidar lo que sentimos en los primeros días porque ese dolor y esa rabia son lo que transformamos y decidimos convertir en otra cosa. Cada vez estamos más convencidas de que la justicia no vendrá de arriba. Puedo hablar por mí, puedo decir que mi lugar en estas historias ha sido a través del abrazo, de la escucha y del acompañamiento cariñoso y que parte de una ternura radical. Que esta ternura la he aprendido de mis amigxs y familia elegida. Que preferimos generar lugares seguros en donde podamos vivir libremente, donde las que vienen podrán vivir sin miedo. Esa ternura está presente en este relato, en este cacho de nuestra historia juntas, la historia que algunos han querido borrar o no han querido escuchar. Nos aferramos a la vida en medio de tanta violencia, nos cuidamos y honramos a las que ya no están, en medio de un mundo que nos quiere muertas, tristes y con miedo. Elegimos vivir.

La dignidad de Lesvy, Nadia, Alejandra, Mile, Rubén y Yesenia y de cada una de las personas que nos han sido arrebatadxs se alza para construir futuro a partir de nuestra fragilidad y vulnerabilidad. Y ésa es nuestra potencia.

Recuerdo el día en que Araceli Osorio rindió testimonio durante el juicio por el feminicidio de su hija Lesvy, en septiembre de 2019. Fue un largo camino el de la familia de Lesvy y sus abogadas para llegar ahí, además del Grupo de Acompañamiento Político y muchas otras personas que se sumaron al reclamo de justicia. Fue el día en que reafirmamos la verdad, pudimos construir ese tiempo donde decir: "Esto fue lo que pasó y no debió haber sucedido jamás". Dice Rita que en ese acto se jugó algo de nuestra humanidad.

Gracias a todas las pruebas, lxs testigxs, los peritajes independientes presentados por las abogadas de Lesvy, se logró una condena para el feminicida, aunque en este momento el caso siga abierto pues su defensa apeló a la sentencia.

Ésa, la justicia legal, logramos obtenerla gracias a la persistencia y lucha de la familia, sus abogadas y acompañantes; no fue concesión de nadie. Pero nosotras decidimos construir otra.

¿Cómo vemos esa otra justicia? No lo sé. Podríamos imaginar caminos que se acercan o que son esos espacios de ternura que ya habitamos y que seguimos creando. Espacios abrazados por la memoria de nuestras compañeras. Días de escucha y trabajo colectivo. La campamenta donde nos reuníamos fuera del Reclusorio Oriente para acompañar el juicio. Nuestros memoriales, pintas, proyectos. Compartir la vida, sanar juntas. Seguir construyendo ese lugar seguro que habitemos todas.

Agradecimientos

Gracias a todas las mujeres quienes confiaron en nosotras. Por su palabra y su escucha. Gracias por compartir su dolor y su alegría. Gracias por seguir imaginando alternativas a esta violencia.

Gracias al Colectivo de Prácticas Narrativas por acompañarnos en esta escucha, especialmente a Andre Ortega y Alfonso Díaz.

Compartimos el nombre de este libro con un documental en proceso, a cargo de Tiernes y Salvajes, el cual se pregunta qué comunidades se crean a partir del feminicidio.

Nosotras

Celia Guerrero (Ciudad de México)

Periodista independiente, especializada en cobertura de temas sociales y de derechos humanos. Desde 2011 colabora en la Red de Periodistas de a Pie, organización en la que es integrante del Consejo Directivo. Escribe la columna de opinión feminista "La Igualada". Aprendió el quehacer del periodista escuchando historias de personas que son víctimas de la militarización del país. Así también comprendió que la escucha atenta y crítica debe ser siempre el centro de su labor. En 2016 se compró una grabadora profesional y desde entonces analiza cómo la gente escribe al hablar.

Daliri Oropeza (Ciudad de México)

Ejerce periodismo independiente. Se define como tejedora de relatos. Su caminar es preguntando. Su labor narrativa se enfoca en la esperanza que despiertan movimientos sociales, grietas de autonomía de los pueblos indígenas, sanaciones y siembra de las mujeres, sublevaciones antisistémicas, defensa de la vida y del medio ambiente, con enfoque de derechos humanos. Realiza documentación multimedia. Es egresada de la Maestría en Comunicación y Cambio Social y forma parte del equipo de *Pie de Página*.

Daniela Pastrana (Ciudad de México)

Periodista mexicana especializada en derechos humanos y movimientos sociales. Ha trabajado en varios medios nacionales e internacionales y es coautora de varios libros colectivos sobre los efectos de la violencia en México. Sus crónicas retratan procesos sociales y a las personas más desprotegidas. En 2017 dirigió el proyecto Buscadores, que recibió el Premio Gabriel García Márquez y en 2018 obtuvo el Premio Nacional de Periodismo por un artículo sobre el asesinato de la periodista Miroslava Breach. Es profesora en la Universidad Iberoamericana. Miembro fundadora de la Red de Periodistas de a Pie y directora de *Pie de Página* (piedepagina.mx) un medio nativo digital reconocido por sus coberturas de migraciones, género, pueblos originarios, memoria y medioambiente.

Daniela Rea (Irapuato)

Reportera, autora de *Nadie les pidió perdón: historias de impunidad y resistencia* (2016) y *La tropa. Por qué mata un soldado* (2019, en coautoría con Pablo Ferri). Dirigió el documental *No sucumbió la eternidad* (2017). Es integrante de la Red de Periodistas de a Pie y de *Pie de Página*, espacios periodísticos enfocados en temas sociales y derechos humanos. Entiende su oficio como un ejercicio constante para la creación de espacios seguros de conversación entre las personas, espacios que convoquen al encuentro y la escucha para una posible comprensión, para imaginar las justicias que queremos. Naira y Emilia la están formando como mamá. Le hubiera gustado ser marinera.

Emanuela Borzacchiello (Nápoles, Italia)

Investigadora académica feminista. En su investigación se ocupa de desarrollar la relación entre las prácticas contemporáneas de control social, la manipulación de la comunicación y la violencia feminicida. Su pasión para el tema de los archivos la llevó a ser curadora de las instalaciones "Constelaciones feministas" y "Las Mujeres y el 68" ubicadas en Memorial del 68 y Museo de los Movimientos Sociales del Centro Cultural Universitario Tlatelolco.

Erika Lozano (Monterrey)

Reportera y documentalista independiente. Su trabajo se adentra en la reconstrucción de la memoria de resistencias ante la guerra en México. Es integrante del proyecto *A dónde (lle)van (a) los desaparecidos*, sitio de análisis e investigación periodística sobre las lógicas de la desaparición de personas. Forma parte del laboratorio de cine comunitario Cine Too Lab en la sierra norte de Oaxaca. Utiliza la documentación y la narrativa como formas de intervención política y apuesta por las historias colectivas.

José Ignacio De Alba (León)

Cronista interesado en la historia y autor de la columna "Cartohistoria" que se publica en *Pie de Página*, medio del que es reportero fundador. Desde 2014 ha recorrido todo el país para contar historias de pueblos afectados por la minería y de las víctimas de la violencia derivada del conflicto armado interno. Integrante de los equipos ganadores del Premio Gabriel García Márquez en 2017, por la serie documental "Buscadores", y del Premio Nacional Rostros de la Discriminación 2016, por el multimedia "Tamaulipas, carreteras de la muerte".

Lydiette Carrión (Ciudad de México)

Periodista. Escribe y edita en *Pie de Página*. Escribió *La fosa de agua* (2018). Los últimos años ha buscado denunciar injusticias, la violencia y la cultura de muerte en la que se encuentra atrapado México. Persigue también soluciones y propuestas; una esperanza beligerante y activa que abra todas las puertas posibles.

Marcela Turati (Ciudad de México)

Periodista convertida en corresponsal de guerra en su propia tierra. Desde 2008 decidió cubrir los efectos de la violencia en las personas y acompañar a las víctimas de esa maldita estrategia fallida de seguridad llamada "guerra contra el narco". De esas víctimas aprendió su fuerza, amor y resistencia por encontrar la verdad y la justicia. Con los años, la cobertura de violencia le hizo sentir que se había agarrado a un cable de alta tensión que la deformaba por dentro. Desde entonces hace esfuerzos por adentrarse con otras mujeres en los caminos de la sanación, el autocuidado, el cuidado colectivo, la narrativa restauradora y el periodismo que habla de lo posible. Escribió el libro *Fuego cruzado* (2011). Por su trabajo ha recibido los premios Gabriel García Márquez de Periodismo por excelencia periodística y cobertura; el premio WOLA (2013) y el premio Maria Moors Cabot de la Escuela de Periodismo de la Universidad de Columbia en Nueva York (2019).

Marina Azahua (Ciudad de México)

Es escritora y editora dedicada al estudio de la violencia, sus representaciones y efectos. Estudió historia y es maestra en escritura creativa y edición por la Universidad de Melbourne; actualmente es doctorante en antropología por la Universidad de Columbia. Escribió los libros *Ausencia compartida. Treinta ensayos mínimos ante el vacío* (2013) y *Retrato involuntario. El acto fotográfico como forma de violencia* (2014) y forma parte del proyecto editorial Ediciones Antílope en México. En años recientes nuevos procesos de escritura e investigación y el trabajo editorial en colectivo le han otorgado la certeza de que la forma más potente de resistencia, ante la avasalladora realidad que nos rodea, es trabajar con lentitud y nunca hacerlo en soledad.

Paula Mónaco Felipe (Villa María, Argentina)

Periodista independiente. Trabaja entre el texto y las imágenes: escribe, investiga y hace producción audiovisual. Le apasionan las personas y sus vidas, las pequeñas y grandes peleas. Ha trabajado y publicado en medios como *La Jornada*, teleSUR, *El Telégrafo* (de Ecuador), *The New York Times*, *Rolling Stone*, *Soho*, *Newsweek*, entre otros. Es autora de *Ayotzinapa, horas eternas* (2015). Entre sus últimos trabajos audiovisuales están *Después de la Guerra* y parte de la investigación del documental *VIVOS*, dirigido por Ai WeiWei sobre el crimen de Ayotzinapa. Es integrante de H.I.J.O.S. y mamá de Camilo.

Sara Uribe (Querétaro)

Es norteña por adopción. Ha publicado 10 libros de poesía y sus textos forman parte de distintas antologías en México, Perú, España, Reino Unido, Canadá y Estados Unidos. Ha sido becaria del Fondo Nacional para la Cultura y las Artes y del Programa de Estímulo a la Creación y Desarrollo Artístico. Ha obtenido distintos premios de poesía, entre ellos el Premio Nacional de Poesía Tijuana y el Premio Nacional de Poesía Clemente López Trujillo. Actualmente estudia el doctorado en Letras Modernas en la Universidad Iberoamericana. Es autora de *Antígona González* (2012) y recientemente de *Un montón de escritura para nada* (2019).

Ya no somos las mismas y aqui sigue la guerra
de Daniela Rea Gómez (cordinadora)
se terminó de imprimir en septiembre de 2020
en los talleres de
Impresora Tauro, S.A. de C.V.
Av. Año de Juárez 343, col. Granjas San Antonio,
Ciudad de México